Kulturstiftung Sibirien

Духовная культура коряков-нымыланов с. Лесная

Мировоззрения и ритуальные праздники

Эрих Кастен

составитель

Worldviews and Ritual Practice

Coastal Koryaks (Nymylans)
Lesnaya, Kamchatka

Erich Kasten

Editor

Verlag der Kulturstiftung Sibirien
SEC Publications

Bibliografische Informationen der Deutschen Nationalbibliothek:
Die Deutsche Nationalbibliothek verzeichnet diese Publikation in der Deutschen
Nationalbibliografie: detaillierte bibliografische Daten sind im Internet über
<http://dnb.d-nb.de> abrufbar.

Kulturstiftung Sibirien | Фонд культуры народов Сибири
SEC Siberian Ecologies and Cultures Publications

Серия: Языки и культуры народов Дальнего Востока России
отв. редактор серии: Э. Кастен

Э. Кастен (составитель / editor)
редакция: Г. Харюткина (отв. редактор), М. Дюрр

из архива Эриха Кастена и Александры Уркачан
From the archive Erich Kasten / Aleksandra Urkachan
Фотографии: Э. Кастен
Рисунок обложки: Маргарита Жукова, п. Палана

Данный сборник содержит корякские тексты с русскими
и английскими переводами. Цель этого издания – сохранить
местный говор, традиционные знания коряков-нымыланов
Камчатки и сделать возможным передачу их будущим
поколениям. Эта книга содержит обширную документацию мировоззрений и ритуальных праздников в береговых
коряков, проживающих в селе Лесная Тигильского района
Камчатского края. Печатные тексты сборника дополнены
аудио- и видеозаписями на ДВД служат научно-практическим целям в лингвистических исследованиях заинтересованными читателями всеми народами мира. В этом помогает не только перевод на английский язык текстов.

Electronic edition and film/audio materials to the texts:
www.siberian-studies.org/publications/worldviewwritpractig.html

ISBN: 978-3-942883-32-0

Предисловие

Предлагаемый сборник содержит материалы, раскрывающие ритуальные праздники и мировоззрение береговых коряков (нымылан) с.Лесной Тигильского района Камчатского края. Они были собраны во время этнографических экспедиций по Корякскому национальному округу в период с 2000 по 2012 годы Эрихом Кастеном (этнолог, директор Фонда культуры народов Сибири) и А.Т. Уркачан, методистом Корякского центра народного творчества. Большим достоинством собранных материалов состоит в том, что тексты записаны на корякском языке с переводом на русский и английский языки, благодаря прекрасному знанию своей культуры и корякского языка Алесандры Трифоновны Уркачан. Часть текстов была расшифрована и переведена М.А.Жуковой, п.Палана. Редакция корякских и русских текстов выполнена Г.Н.Харюткиной, старшим преподавателем кафедры родных языков, культуры и быта КМНС Камчатского института развития образования. Мы благодарим Беверли Стюарта за корректуру английского текста.

Изданная книга относится к серии учебных пособий по корякскому языку и культуре. Она в сочетании с дополнительной документацией на ДВД предназначена для сохранения живого разговорного корякского языка с его локальными особенностями, а также традиционных знаний по духовному богатству нымыланского народа.

Концепция и оформление книги из серии «Языки и культуры Дальнего Востока России» позволят молодым северянам заинтересоваться и заняться изучением родного языка и традиционного образа жизни своих предков. Данная подача такого рода материалов зарекомендовала себя на практике как полезный дидактический материал для проведения уроков и внеурочной деятельности общеобразовательных организаций. Расположение корякских и русских текстов на противоположных страницах соответствует обычному стандарту многоязычной литературы, но в меньшей степени лингвистическому соответствию подстрочных переводов. Опыт раздельного чтения на корякском языке, затем на русском с другой стороны учебных материалов, показал удобство для читателей, слабо владеющих корякским языком, так как постоянное прерывание для прочтения подстрочного перевода мешает общему восприятию изложенного. Читая русский текст на правой странице разворота и, находя соответствие отдельных слов или словосочетаний в корякском языке на той же строке противоположной левой, может также способствовать развитию интереса к родному языку.

Предлагаемая форма презентации служит в первую очередь научно-практическим целям. Английский перевод предназначен для заинтересованных читателей за пределами России. Для использования материалов в лингвистических исследованиях в интернете предлагается принятая в научном мире латинизированная транскрипция текстов.

Данная книга, как и другие издания этой серии, обеспечивает открытый доступ к записанным текстам для дальнейшего анализа и исследования относительно отдельных тем. Такие интерпретации и заключения предполагают доступ к оригинальным материалам большему количеству заинтересованных лиц в познании культур других народов. Цифровые технологии открыли новые возможности не только исследователям в данной области лингвистики, но и привлекают широкий круг читателей. В связи с этим, данная книга соответствует *широко признанной академической практике*.

Упомянутым потенциальным группам пользователей представляется возможным использование ДВД с видеозаписями, которые позднее будут доступны в интернете. С помощью «счетчика» [▣] наверху страницы одновременно можно прослушать и просмотреть определенные предложения или отрывки: первая цифра означает номер строки, вторая – счетчик времени на видеозаписи. Видеозаписи с многоязычными подзаголовками в свою очередь являются учебными дидактическими материалами. Подобная подача этнографических материалов с использованием современных интерактивных средств, повысит интерес молодых людей познать духовную культуру своего народа и желание сохранить и развить наследие традиционной уникальности северян. Помимо этого, наличие ДВД с английскими подзаголовками охотно используются коренными народами Северной Америки и Северной Европы, заинтересованными в культурном обмене с коренными народами Камчатки и других регионов Российского Севера.

Необходимо отметить, что во время транскрибирования корякских текстов возникали некоторые сложности. С одной стороны, учебные пособия по корякскому языку, в настоящее время используемые на Камчатке, следуют принятому еще в советское время стандарту. С другой стороны, главная цель данного издания – это сохранение уникальных местных говоров коряков как основного элемента традиционного культурного наследия. Поэтому предлагаемая транскрипция текстов отражает в первую очередь то, как именно они говорят. Что касается перевода на русский язык, мы решили использовать более свободный литературный перевод, чтобы содержание текстов было понятен широкому читателю.

Эрих Кастен

Introduction

This book contains Koryak (Nymylan, Coastal Koryak) texts with Russian and English translations. The material was collected by Erich Kasten and Aleksandra Urkachan between 2000 and 2012 in Palana and Lesnaya during fieldwork in the northern Tigil'ski district of Kamchatka. Owing to Aleksandra Urkachan's intimate knowledge of the local Koryak language and culture, and her enthusiasm, the aims for this edition were easily met. The Koryak and Russian texts were edited by Galina Khariutkina. We thank Beverley Stewart for her assistance in editing the English translation.

This book is part of a set of learning and teaching materials on Koryak language and culture. The aim of these print and online editions with supplementary DVD documentaries is to sustain the particular local speech and knowledge of various Koryak groups who live in Kamchatka, and to encourage and support the transmission of their cultural heritage to future generations.

The present collection of texts provides us with a broad documentation of worldviews and ritual practices of the Nymylan (Coastal Koryak) people in the local variety of their Koryak language that is spoken in Lesnaya and in other villages on the north-west coast of Kamchatka. The recorded texts are from still-fluent speakers of this language who had the opportunity to learn it as their mother tongue within their families. However, many of them have unfortunately passed on since this productive collaboration with them took place. Therefore, together with the accompanying audio and video films on DVD—that record the body language and facial expressions of the speakers—this edition comprises authentic documentation of the unique cultural heritage of this people, and provides a perpetual resource for those who wish to draw upon it.

The design of the present and other volumes in the series *Languages and Cultures of the Russian Far East* intends to motivate in particular the young to learn more about the language and traditional knowledge of their elders and ancestors. Accordingly, these materials have proved useful as learning tools in schools and at community events. The presentation of the Koryak and Russian texts here on facing pages rather than in interlinear form, corresponds more to the common standard of polyglot literature editions than to common linguistic conventions. Experiences with earlier text editions have shown that it is more attractive to read these texts presented in this way, especially for those who have no or only limited knowledge of the Koryak language. When reading the Russian text on the right side, these readers might become interested to learn more about a particular expression in the original Koryak language. While moving occasionally to the corresponding lines on the left page, more interest can be generated for some of them in recalling not only single words of their language, but also full phrases.

Therefore, in the given form the texts fulfill the practical purposes of sustaining indigenous language and knowledge. In order to make the texts available also to readers from other parts of the world, especially to northern indigenous communities outside Russia, the book also contains English translations. Latinized transcriptions with interlinear glosses providing a preliminary linguistic analysis of the texts are under revision and will be provided on the Internet for those with more academic interests.

As with other publications of this series, this volume provides open access to narratives for further analysis and research on particular themes. Such interpretations and conclusions can be better assessed by others if the original data are easily accessed this way. The vast possibilities recently opened up by digital technologies make it imperative that such data not remain the exclusive domain of the researcher who has recorded the information, and who often could draw on it selectively to strengthen his or her point. The present text collection therefore reflects the current paradigm shift towards good academic practice, as has become the explicit political aim in many countries.

The accompanying DVD is recommended for all user groups as it contains the full audio and video files, which will later also be available on the Internet. By means of the video time count [▐] that corresponds to the lines in the book, particular phrases or sections can be listened to and viewed where these are portrayed by older generations. This is certainly not only more informative, but also triggers additional interest among the youth, who can see and remember their grandparents and ancestors. Such visual materials, together with the spoken and translated texts, aroused particular interest during earlier presentations in other northern indigenous communities outside Kamchatka and Russia, where they encouraged useful cultural exchanges.

In conclusion, it should be noted that, regarding the adequate transcription of spoken Koryak texts, some things had to be considered in a well-thought out and balanced way. On the one hand, school books and other teaching materials that are used in Koryak classes often still refer to the Koryak standard that was chosen in Soviet times for Koryak teaching materials. On the other hand, it is the main aim of the given edition to document and sustain the unique local speech and local knowledge of Koryaks—whereas earlier strategies have often proved counterproductive in this regard. The recorded texts are therefore transcribed here as closely as possible to the way people actually speak, and not according to still prevailing school book standards. We are aware that this can sometimes cause confusion—but this has also been the case before, when students had to learn from school books a Koryak language that was different than the one spoken by older family members at home. For the Russian version we opted for a freer translation of the texts to make them more convenient to read and easier to understand.

Erich Kasten

В память об Александре (Шуре) Уркачан (1940-2014 гг)

Фото: первое знакомство с Эрихом Кастеном, с. Эссо, 1999

....

To the memory of Aleksandra (Shura) Urkachan (1940-2014)

Fig.: First meeting with Erich Kasten in Esso, 1999

Духовная культура
коряков-нымыланов с. Лесная
Мировоззрения и ритуальные праздники

Worldviews and Ritual Practice
Coastal Koryaks (Nymylans), Lesnaya

Yaganova,
Vera Anisimova

Lesnaya, 22.10.2001

Яганова,
Вера Анисимова

«Задабривание природы, в частности Камакран»
В. А. Яганова, с. Лесная, 22.10.2001

🎞 KLC361 ‖ 1 › 00:10 ‖ 5 › 1:09 ‖ 10 › 2:05

1 Ӈайӈын г' ат митив нитын эт мэчг'аӈ ныкэк.
Лав'тык в'утэнӄал ӈанын плэпатык.
Так … в'утыкпилыӈ.
Ныкаӈ ныкыг'ыӈ в'ай ыныкыӈ пичг'ув'и амалваӈ итылг'у
нытынэв'.

5 Г'аммэчгаӈ тэн уӈюӈюӈ ипа корыӈ яллаткын рэмкылг'у.
Мичг'аӈ в'ины нытыткын яӄ тит ноӈытг'ылэ.
Ӄонпыӈ в'ины лыгыммэ ӄорыӈ мынъялла омакаӈ.
Ваи. Ам мэчгаӈ тумгыпэльӈяӄ нйёналаткэ, нйяллаткэ,
нлэйвыткынэ.
Микув'и ӄорыӈ еллэӈнин, нымичг'аӈ в'ины рараӈ нытыкын.

10 Рарак ытгынэ эллаткыны эньпичэв'и,
и аӄан г'опта мэкин нымичг'ын в'ины.
Мургинэ пичгув'и тоже … это можно просто положить,
в'ины нитыткын г'оптата мичг'аӈ в'ины нытыткын печенье,
спички спичкав'.
Нужно было хоть ныкэв' немножко каншапэль взять экмитэк.

12

«Prayer during an offering at the Kamakran sacred site»
V. A. Yaganova, Lesnaya, 22.10.2001

1   Let the weather be good tomorrow.
    From that end it has to be levelled out.
    This way.
    Let there be various kinds of food.
5   All the best for our children, let guests come to us.
    Have a good trip, let nobody get sick.
    Let our ways bring us together here.
    Look, only together can one live well, arrive, travel.
    To whoever comes here, a good trip home.
10 At home you have your parents,
    and a good trip to anyone else.
    Even our food we may just put down,
    Let the way be good for everyone. There will be cookies, matches.
    I should have brought some tobacco.

---

1   Пусть завтра погода будет хорошей.
    У головы с этой стороны надо подправить.
    Таким образом.
    Пусть будет пища разнообразной.
5   Всего хорошего детям, пусть к нам прибывают гости.
    Хорошей дороги, пусть никто не болеет.
    Пусть дорога нас приводит сюда всех вместе.
    Вот. Только хорошо друг живет, приезжает, ездит.
    Кого сюда приведёт, хорошей дороги домой.
10 Дома у них находятся родители,
    и хоть кому хорошей дороги.
    Нашу еду тоже это можно просто положить,
    пусть дорога будет для всех хорошей. Будет печенье, спички.
    Надо было немного курева взять.

Yaganov,
Mikhail Grigor'evich

Lesnaya, 06.11.2001

**Яганов,
Михаил Григорьевич**

«Священное место – Камакран»
М. Г. Яганов, с. Лесная, 06.11.2001

KLC361 ‖ 1›03:45 ‖ 5›4:17 ‖ 10›4:58 ‖ 15›5:30

1   Камакран ныйыҥтыҟин, тыттэль ныйыҥтыҟин.
В'эн эв'ын даже ынпыҥэву гыт гаҥволэнав' Мынны Матлёлг'а,
бабушка, ивылҟивыҥ.
Чимуж орав'эй ёнатгырҥын миҥки таҥвоҥ чиничейҥын танвоҥ
чиматык ёнатгырҥын.
Ын Камакраҥ еег'уевыҥ г'оямтэв'илг'ын.
5   В'утку жил Марк, аму эв'лат, гаймат ынно ын гэныкэлин,
в сторону был в'уттуку.
Кытав'ут ҥан г'уемтэв'илг'ын галаг'ун, ҥанэнынак в'утку вилув'
ганикалин и йивылг'ын вот.
И пока уйҥэ авилука ныг'али, никак не мог разговаривать месяца
наверно 2, ынкыт итти.
Потом ныкэй чигипави, таплепавэ, таньг'авэ, мичг'атвий.
Как человеком стал.
10 Вот он рассказал:
Ын ынкыт галалг'а ыннычг'ын, кытав'ут галаг'улин г'емтэв'илг'ын
ынык етыткын.
Ивыткын пыче вилут энайылҟын ынкы, в'утку елылҟын накырв
ныкэ.
Пыче ганикылин в'ай гала'улин посмотрел в'ут, нету в'ала,
хотел нож. Нету в'ала и сразу и сознание потерял.
Вроде бы инэл вилут ныкэнин то ҟорыҥ.
15 Ачги пока он плепавэ, мичг'атвий вот, как человеком,
вот тогда рассказал ынанны, чем чего всё случилось там.

«The Kamakran sacred place»

M. G. Yaganov, Lesnaya, 06.11.2001

1   Kamakran is a startling place, very sacred.
   Even elderly women, such as Matlelkha, told us
   that life will get worse.
   There, at Kamakran a man appears.
5   There lived Mark, who was strange, probably it was his fault.
   Somehow a person saw that he had no ears.
   He didn't hear for a long time, for two months he did not talk.
   Then he lost weight, began to recover and started to look better,
   Simply put, he became a (normal) person.
10 And he said
   that he saw such a strange man there who came close to him.
   And he cut off his ears, and then his tongue.
   He wanted to get his knife, but he did not succeed. Then he fainted.
   He definitely had lost his ears.
15 When he recovered,
   he explained what happened to him.

---

1   Камакран удивительное место, очень священное.
   Даже пожилые женщины, вот и Матлёлг'а начали поговаривать,
   что наша жизнь будет ухудшаться.
   Там в Камакране появится человек.
5   Здесь жил Марк, который был кривошеий, может он был виной.
   Как-то человек увидел, что у него ушей нет.
   И пока он не слышал, месяца два не разговаривал.
   Затем он отошёл, стал поправляться, стал лучше выглядеть,
   короче стал человеком.
10 Он и рассказал,
   что вот такой кривошеий увидел там приближающегося к нему
     человека.
   Тут же он срезал ему уши, затем язык.
   Хотел достать нож, но его не оказалось. Тут он потерял сознание.
   Вроде точно лишил его ушей.
15 Когда он поправился,
   рассказал, что с ним случилось.

«Священное место – Камакран»
(продолжение)

А ӈанык кытавʼут нанвын тывыкы ынпыӈэвʼтынэк ивылӄивыт:
янот вʼэй ынкыеп ӈыволат титэ ныкы йын чининкин юнэт
    тапачаӈыкы ыно гʼуем тытаругʼын Камакран,
гʼопта ныйыӈтыӄин.

20 Если ван тынгʼанӄавыӈ эналват, нет гымнан тыттэль уважаю,
    особенно ныгʼинечӄын.

Тыгалалӄивык, еӄӄэ если кансуткын итылӄын, кансапиль спичкак
    тыёткы, нымичгʼа мылэйвык, мынӄавʼивʼ ынкы.

А если тытагʼанӄавыӈ яӄам таньгʼатык ну ынӈин аму еӄын.
Ӄун эвʼын эмычгэйылӄын камлэлыӈ никакого ынкы.

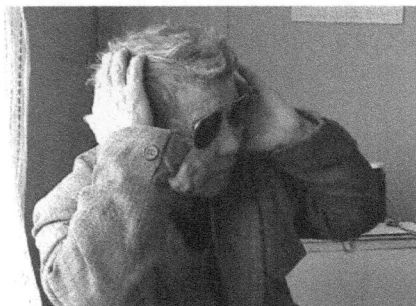

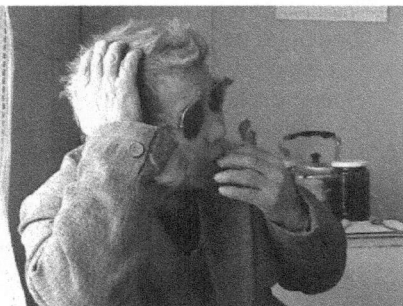

«The Kamakran sacred place»
(continued)

And then again the elderly women began to say
that life would get worse, so that people should worship Kamakran,
this sacred place.
20 Whether I cease to conquer this mountain – no.
But when I get close to it, and if I have some tobacco with me,
by all means I put it there with a match and with good thoughts.
Well, but when it happens that I cannot go there, then I'll put it
around there on the ground.

И тогда снова начали пожилые женщины говорить о том,
что жизнь будет портиться, людям надо поклоняться Камакраӈ,
это священное место.
20 Прекращу ли задабривать эту сопку – нет.
И когда я прохожу мимо, и если у меня курево, непременно засуну
их в спичку и с хорошими мыслями отнесу туда.
Ну, а случится, что уже не смогу туда ходить,
то кругом земли полно.

Nayanov,
Spiridon Borisovich

Lesnaya, 27.10.2001

Наянов, Спиридон Борисович

«О священных местах»
С. Б. Наянов, с. Лесная, 27.10.2001

📻 KLC361 ‖ 1 › 06:37 ‖ 5 › 7:00 ‖ 10 › 7:27 ‖ 15 › 7:50

1 Инмы иннив'лыҟ тын тэнлэйвылҟы тылаг'улкивын.
 Мак Макар юнэтылҟы гымнин то ныкэв'и иннив'ылҟын
  Кинкилятукык гымнин.
 Ытгынан тит нэнлэйвылҟылҟы, тылаг'ун, чинин тыӈвон оро
  тэйкык игыньӈын.
 Эв'ын минкын в'а местав'и мэӈкыт эв'ын коӈпыӈ надо энэлвэтык.
5 Ҟонпыӈ таҟпильняҟа пичгипиляҟу аҟан мэӈкы нывилык эв'ын
  тиӈлык надо
 или мэллыкыӈ или ноталкыӈ эв'ын ныкэк.
 Инэлвэтык в'а, ныкэк в'а ын таҟпильняк тиӈлык ноталҟыӈ или
  мэллыкыӈ в'айи ныкы.
 Унэкэм в'а ныкэв'и мургин в'ы мэӈкы итыткын водопад в'ы в'а.
 Ынӈин ҟонпыӈ эв'ын ҟонпыӈ нинэлвэтылҟы,
10 таҟув' пичгув'и эв'ын нэныӈлиныткэвыткын.
 Тэлыпг'эльг'ын нэлӈыткын, тэлыпгэльг'ын ва ва,
  ҟывыттэ ын эв'ын ҟонпыӈ.
 Ҟонпыӈ аҟан юнэт в'айи в'а тэлыпг'ылӈын ҟонпыӈ инэлвэтык надо.
 Аҟан гыммэ аҟан ӈаныҟ Кинкилятык тыюнэтык таҟув'
  тынмыткына,
 аҟан унг'алу аҟан таҟ г'ырнык тин нитын эв'ын кытавэн гэниӈлэ,
15 тылэ тылэпгылгэ в'а ...
 Эв'ын гэниӈлэ ынкэтыӈ кытаван таҟув'и.
 ... Вот этынвэны янотыӈҟал ынно янот гэюнэтылҟы ынкы.

«About sacred sites»

S. B. Nayanov, Lesnaya, 27.10.2001

1 When my uncle still guided me, I saw this.
My uncle Makar lived with me in Kinkil'.
They guided me, I watched them and began to do so by myself.
If you come to those places, you must always make a gift.
5 You always have to stop and throw some food
to this place or into the tundra, it doesn't matter where.
It is obligatory to make a ritual offering somewhere,
  either to the earth or to that place.
Such a place is the waterfall.
There you absolutely must make an offering,
10 any kind of food.
They call it halting, why, I do not know.
All my life they conducted ritual offerings there.
When I lived in Kinkil', and when I killed something,
a seal or some other game, it was obligatory to throw a piece
15 there and halt. Here, that is for you.
Absolutely, you put something there.
Earlier, there first lived the owner of the place.

---

1 Когда ещё меня водил дядя, я это видел.
Мой дядя Макар жил у меня в Кинкиле.
Они меня водили, наблюдал за ними и стал сам так же делать.
Находя такие места, надо вседа делать подношение.
5 Всегда надо остановиться и хоть что-нибудь, пищу бросить
или на то место, или же в тундру, всё равно куда.
Сделать ритуал подношения чем-либо земле или на то место –
  это обязательно.
Таким местом является водопад.
Туда непременно надо делать подношение,
10 какой-либо пищей.
Его называют прерывающим, почему не знаю.
Всю жизнь здесь проводили ритуал подношения.
Когда я жил в Кинкиле, что-нибудь добывал,
нерпу ли или другого зверя, непременно надо частичку бросить
15 туда к прерывающему: на, это тебе.
Обязательно положи что-нибудь.
… Раньше тут первый жил Хозяин.

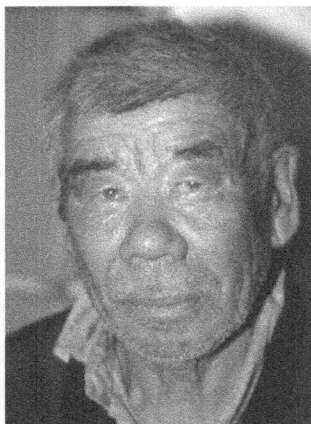

«О священных местах»
(продолжение)

KLC361 || 20 › 08:18 || 25 › 8:48 || 30 › 9:12

В'э ралӄанэло ит ынки ныкэ янотыӈ нымэйӈы'ын ралӄанэнэ.
В'ы в'а гэюнэтылӄы пэнинэлг'ув'и в'а ынки.

20 Говорят, что пыче в'ача амин унэкэм унэкэм рамылг'ын в'ы в'а, в'ы в'а
  Нытынэлвулнэӄын, гыммэ тыникэк ынкы тытасенатык ӄонпыӈ,
      коров тыгйипылӄы.
  Ӄайа тылаг'ун тумгу яллаткын, косена г'эпирылин.
  Тыкивыӈ: «Ӄорыӈ ӄыяллаток, в'а вутуку тыкошеткын!».
  Ын тыникэк, эллы тинни орав' тэн тумгу алваӈӄал пыкэрлат.

25 Ыв'ки г'уйемтэвылг'у косената гэпирылин,
  гыммэ тэвыткына тумгу йын: «Ӄыялаток ӄорыӈ!».
  Ӄычг'эн нэтэнвулӈэткын, еплю г'ыллое.
  Ӄучаӄ эв'ын места игыньӈыну ынтав'ут то лыгэ лыӈыкыв'ы в'а.
  Вы в'а эв'ын тит в'утук нэнгыййюлэвыт ыччая нэнгыюлэвыт эв'лат

30 эв'ын надо лиги лыӈыккы место в'а.
  Г'опта ынэлвэтык надо ынӈин место игыньӈын в'а.
  Амин ӄуччаӄ нэныкэ алваӈ нэнутэлвулӄын в'а.
  В'ан лыгэ элӈыкэ, инэлвэтык тинни кытыммэ аӄан мэӈки
      тэмисг'амӈэ г'опта в'а.
  Эв'ын амин этын нытынтэӄын итылӄывыткын янот гаймат.

«About sacred sites»

(continued)

There was also a big entrance.
Our ancestors also lived there.
20 They say they are residents of the bogs.
I was surprised by an incident, when I had cut hay for the cows,
    which I kept then.
Somehow I saw people walking with scythes.
I said: "Come here, I mow here!"
I saw how they came closer from the other side.
25 The men carried scythes,
again I told them: "Come here!"
Apparently I was dreaming, although it was during the day.
Others know these places.
My aunt taught me and said
30 that you have to know these places.
You must always make an offering.
Some people do not pay attention to these places.
They do not know them and do not make an offering – and this is no good.
These mysterious places have existed for a long time.

Там даже был вход большой.
Там же жили предки.
20 Говорят, что жители болот.
Был удивлён случаем, когда заготовлял сено для коровы,
    которую содержал.
Как-то увидел идущих людей с косами.
Говорю: «Идите сюда, я здесь кошу!».
Гляжу, они с другой стороны приближаются.
25 Мужчины косы несут,
опять говорю им: «Идите сюда!».
Оказывается мне привиделось, хотя был день.
Другие знают такие места.
Тётя учила и говорила, что
30 знать надо такие места.
Всегда класть подношение.
Некоторые пренебрегают такие места.
Не знают их, не делают жертвоприношения, вряд ли это хорошо.
Такие таинственные места существуют с давних пор.

Yaganov,
Zakhar Stepanovich

Lesnaya, 16.10.2001

**Яганов,
Захар Степанович**

«Священное место Ананрана»
З. С. Яганов, с. Лесная, 16.10.2001

▬ KLC361 ‖ 1›09:41 ‖ 5›10:11 ‖ 10›11:04

1 Ныкалаткы аякван ны ны нытинтыҳин ҳэй ылло ныкэк в'утаныҳ
ынэнны ҳораңын оро перевал ынно ңын.
Оттуда гаңвот гитэк эчеҳмэл раранаҳо вот стоит, Аңаңраң живая,
Аңаңраң.
Там крутые йыг'арараңа ҳычаҳ коната галала ынкак гитэк.
Актыҳо микынэк тит ынтыпгэтын.
5 Кытэпав'ынкы тыпгаллай. Мэнкыт ынно ынъёг'ынав'.
Ынкэ нем эныҳы юг'аңанраралг'а пыча. Ынно нытинтыҳин ынңи.
Если ван вачаҳ маңинэ в'ача ван тыпгалгаллаткы, ынкайпын
наңвот гитэк Карагэникин ники аңҳаң то в'ут аңҳан мургин.
Ынкыг'ап г'опта видно ңайнолңын. Ынко ыннаннёч
нытгыллылэҳин, тинт ынно нытинтыҳин Аңаңраң в'ай...
Тэнтэтылг'о акногыг'ы ңанко гэникы эв'тылатылҳыл гэвиг'ылин
..., манкыт ив'кэ: Ҳай ав'ын ти эңэңын рараңа, эңэңын рараңа,
ынкыты итти.
10 Этун титэ ялаг'олаңыткы эңэңын рараңа, ңаен ынңын аңаңрав'
вутин маңка, мэңин ҳынг'алатыҳ.

«The sacred site Ananrana»

Z. S. Yaganov, Lesnaya, 16.10.2001

1 I have always paid regard to the mysterious reindeer pass.
If you look from there you see a real house, the house of a shaman woman.
There are steep slopes if you pass by on horseback.
Nobody can get up there.
5 Snow sheep climb up. They can reach that place.
This is indeed a shaman's house.
If somebody still climbs up there,
they can then see the Karaginski sea and ours.
And you see the pass, which is in fact a hot and mysterious house…
All those who descended from there perished, therefore one gets to know about the "shaman's house".
10 If it happens that you see the shaman's house, the house of the shaman, stay away from it.

---

1 Всегда ущевствовал таинственный олений перевал.
Оттуда смотреть, увидишь настоящий дом, дом шаманки.
Там крутые склоны, когда проезжаешь на лошадях мимо.
Никто не может подняться.
5 Бараны поднимаются. Как до них добраться.
Это действительно шаманский дом.
Если кто-то всё же поднимется, то увидит Карагинское море и наше.
И видит перевал, который единственный горячий
и таинственнй дом…
Спускающие оттуда вниз, все погибли, поэтому слышится «шаманский дом».
10 Если вам доведется увидеть шаманский дом, дом шамана, отойдите от него.

Yaganov,
Ivan Danilovich

Lesnaya, 19.10.2001

Яганов,
Иван Данилович

«О священных местах»
И. Д. Яганов, с. Лесная, 19.10.2001

🎙 KLC361 ‖ 1›11:15 ‖ 5›11:46

1 Қычг'этэтэӈ ятан г'опта коӈволаӈ ны лэйвык мыгутэ.
   Г'ытг'у – қок ӈанко накояваӈыӈ по 12 накояваӈыӈ, ынэнйичг'ынақу нэтйичг'у.
   Айӈон қон в'ан қонпыӈ тыкугитэньӈынэв' тумгу ынпычг'у коӈволаӈ ӈыкы ыччи минқи ев'ивык ӈано.
   Ев'ивык – останавливаться.
5 Эв'ынчам ӈано кытав'ут мэлгэтыӈ кытавут накоӈвоӈнав тақу ёккы г'опта йынны,
   пичгытпиляқу, чтобы мэтг'аӈ кивык ӈано в'утку, ын ыннею ван тылэг'ун ынпычг'у коӈволаӈ (невнятно) ыньӈыг'ан итык.
   Мучгинэв' мыев' ныйынтықинэв' везде на Камчатке, в каждом речке, рачке, в верховьях бывает, ӈано гычгочак ити минқи.

«About sacred sites»

I. D. Yaganov, Lesnaya, 19.10.2001

1   They went to Palana by dog sled in caravans.
    They harnessed 12 dogs, and the sleds were quite overloaded.
    Earlier, I noticed that the elders stopped at the pass.
    When stopping at the pass,
5   it was obligatory to throw something into the fire.
    Some food, so that the overnight stay went well. They always did this.
    Generally, we have many mysterious places in Kamchatka, at each river,
       upstream, everywhere.

---

1   В Палану только начиналит ездить караваном на собаках.
    Собак запрягали по 12, нарты очень перегружали.
    Раньше я наблюдал, как старики останавливались на привал.
    На привал – останавливаться.
5   Обязательно они бросали что-нибудь в костёр,
    пищу, чтобы хорошо прошла ночёвка. И так они всегда делали.
    У нас вообще много таинственных мест на Камчатке,
       в каждой речке, в верховьях, везде.

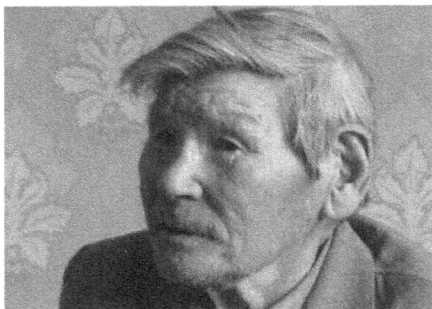

Yaganov,
Zakhar Stepanovich

Lesnaya, 16.10.2001

Яганов,
Захар Степанович

«Про огонь»
З. С. Яганов, с. Лесная, 16.10.2001

🎬 KLC361 ‖ 1› 12:24 ‖ 5› 13:02

1   Янотыӈ ынӈинэ ныкэк в'а мил мэлгэпыӈ яппы наӈвоткын ныкэк ытлыюг'ык.
   Нывылӄивыткын в'и нутэк ныкын в'ай ыно тиӈтыӈру таӄын ивык анорог'ык пэнинемич.
   Ныкайпыӈ вон тэнвилиӈ милгын тэниӈлэвыӈ, то ынно ынкайпыӈ ныкэк инэлвэтык надо.
   Или тинмӈэчувык эв'ын в'анвыгырӈын тына наӈвоткы таникы райӈыгырӈын тины.
5   То если милгыпилын, например, тэникын тэнвилыӈ ынки янотыӈ тыттэль ы - ы - нутаг'айӈак оро итылӄивык нанкыты…
   если милгын тэг'эйӈэн, кытыл в'уттык энкив'кэ, энвилкэ вутинӄал.
   В'асӄэнӄал ӄыникы, яӄам мэлинэчгэл ӄынг'ал, кытыл эныкэкэ.

«About the fire»

Z. S. Yaganov, Lesnaya, 16.10.2001

1 First, they look for a place for the fire.
  When you pause or have a rest in the tundra near cow parsnip
      or other plants during spring, it does not matter.
  You light a fire and you absolutely have to make an offering.
  You throw something on the ground.
5 Well, and if the fire there, where you're resting, starts to resonate,
      as though it's telling something,
  if the fire resonates, you'd better not stay there overnight.
  You'd better not stay there but rather proceed to another place.

---

1 Сначала ищут место для костра.
  Останавливаешься в тундре, кругом борщевик и другие растения
      будь это весной, всё равно.
  Разжигаешь костёр и обязательно задабриваешь его.
  Бросаешь что-нибудь на землю.
5 Ну, а если костёр, где ты остановился, начинает как бы звенеть,
      как будто, о чём-то рассказывать,
  Если же костёр звучит, лучше здесь не ночевать.
  Тем более не останавливаться. Лучше уйти на другое место.

Yaganov,
Zakhar Stepanovich

Lesnaya, 17.10.2001

Яганов,
Захар Степанович

«Очень сильная заговаривать старуха – К'эн'н'ын'эв'»
З. С. Яганов, с. Лесная, 17.10.2001

KLC362 ‖ 1›00:00 ‖ 5›0:30 ‖ 10›1:10 ‖ 15›1:49

1 Нымкыль аччи нымкыль ныкэ где-то 6, 7 лет.
   Как раз омакаӈ мурык этылӄив' ын ыннэн ынпыӈэв' яӄвэн
   нынпыӄин, то эл эллылэкэ.
   Ыткэ ныкэтгуӄин ын эллэ аяяйыткок итылӄивыткын.
   Аӄан микынэк в'а миӈкэкин или Кинкильг'этылг'у
5 или в'уткэкинэв' яллаткын кытаван ын гымыкэньпичик омакаӈ
   ын ынпыӈэвг'ал ытылӄиви.
   Итти ныкэтгуӄин эв'ьянватык ынӈин.
   Ӄунам ныкэткын в'а ӈывоткын эргиӈэтык гарӈынэк мэӈкыт
   тылэткын,
   ыннаны ын ӈывоткынэн ныкэн, какие-то вроде сказкав'э
   ӈывоткынэн тывык лымӈылё, ныкэчг'ат ӄэллат,
   ӄычын ирг'ын тынны вилэтыткын ӄайг'алым ынанна.
   Ынӈин ӈывоткын ныкэк гыткалӈын ынныны в'айи.
10 Специально ынин ныкэв'ви ынаны ил жилав'вот ӄоракэнав'ныкэв'и
   жила.
   Игыньӈинитэ ыньӈын специально гэтэйкылин ныкы такой.
   Привязывают туда ну ка гыткалӈын кылтыткын лыгытвэн ти
   если кто-нибудь нэйвитыткнын.
   в'айи тыг'ылыгырӈын или так полно с ныг'ынмэчгэв'нин ну вот.
   Атти ын нэйвитыткнын, атты илӈэттыкнын гытӄалӈын в'уттин
   атты ӈывоткнэн тымӈэчувык лыгытвэн ынӈын.
15 Она сидит в'а лыг'ытвэн ынӄыт васг'атыт, а сама держит это г'ат
   туалет не хочет никы тилгытылӄы лыг'ытвэн. Манкыт нынилгыт?

«Kennynev – a very strong shaman woman»

Z. S. Yaganov, Lesnaya, 17.10.2001

1 It happened when I was six, seven years old.
At that time an elderly woman lived with us, she was old and blind.
She was very strong, but she did not beat the drum.
All people from various places, from Kinkil' and local people
5 came to my father, because she lived with us.
She was a strong shaman.
When the weather turned bad and when you did not go anywhere,
she told some tales all night, and not one *kukhlyanka* (fur coat) got wet,
    thanks to her.
On her leg,
10 she purposefully tied reindeer sinew.
She did it by herself this way.
She tied the leg and began to pull it towards the person
    who had turned to her
with an illness or who wanted to be healed.
Whoever addressed her, she tied their leg and started to shamanize them.
15 She sat in such a position, that she did not even want to go to the toilet.

---

1 Это было, когда мне было где-то шесть, семь лет.
В то время, когда у нас жила одна пожилая женщина,
    она была старая и слепая.
Очень была сильной, но не играла в бубен.
Все из разных мест, и кинкильские, и здешние
5 приезжали к моему отцу, потомучто она была у нас.
Она была сильная шаманка.
Когда погода портилась и никуда не пойдёшь,
Она всю ночь рассказывала что-то вроде сказок, и ни одна
    кухлянка не промокала, благодаря ей.
Она свою ногу
10 специально обвязывала оленьй жилкой.
Такой способ она сама сделала.
Она завязывала ногу и начинала дёргать также тем, кто обращался
с болезнью или подлечиться.
Кто обратится, она подвязывала ногу и начинала шаманить над ним.
15 Она сидит в таком положении, даже тот не хочет в туалет сходить.
    Да и как?

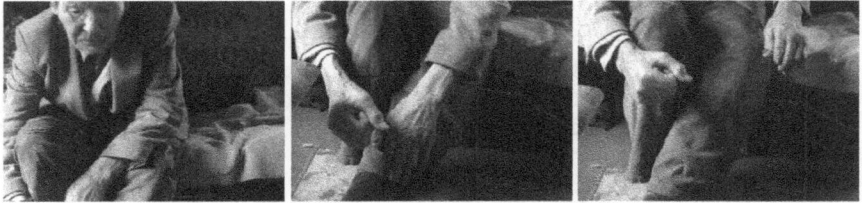

«Очень сильная заговаривать старуха – К'эн'н'ын'эв'»
(продолжение)

Ынңин ыннанна полезнее.

Ынно ыньңин ңывоткнэн ынкыт никэк – а тымңэчувылқывык,
  орав' ңывоткнэн тэнилг'итык лыг'ытвэн.

Актыко нынилг'ынын в'ут гыткалңын.

Гыммо ван тэнытыг'ыгырңын қайг'а гыткайпың ңывоткын г'опта
  лыг'ук гыткайпың ынанны.

20 Ңывоткнэн ын эв'ъянватык лыгытвэн в'ай.

Ван орав' амалваң, если в'а например медведь то ныг'ыңвон
  мэчгэвык, эв'ьянватыткнын в'откайпың ңывоткнэн тилгытык
  орав' қаңильгэтык лыгытвэн ын гыткалңын.

Тынңэ орав' чемг'уч ңэвэқ ңывоткын мэчгэвык ыньңин тоже
  тымэчгэвык ынан.

То гыткалңын в'уттин ыннынэ ңывоткынэн лыгытвэн
  илулқывыткнын лыг'ытвэн ңывоткнэн илук гыткалңын.

Г'ат ынңин тэнык в'ай на поправку, тэмэчгэвын ын ынңин
  г'уемтэв'илг'ын мэң тыг'ыллыг'ын унмык.

25 Ынкайпың қайг'ы воткайпың тэньмэчгэв'нын в'откайпың.

В'откайпың гыткалңын ңывоткын лыгытвэн илук ын гыткалнын.

Ыннанна через боль видит гыткалңын.

Кэңңыңэв' ынно ын,

ныкэтгукин тыттэль эв'ъянвалг'ын ын ынңын, то томыккың
  эллы а-аг'ақа г'ым аг'ақа эв'ьянватка.

30 Тэнмав' ынно тэнмэчгыңэв'.

«Kennynev – a very strong shaman woman»
(continued)

Such healing is more useful.
She talked and gradually lifted the leg.
She surely lifted this leg.
I revealed her secret through my own sick leg.
20 She began to explain at length.
She even began to heal bears, to shamanize, quietly she raised her leg,
    and he stopped and moved his leg.
When she began to heal, (the sick persons) in fact recovered.
She began to move her leg, and the leg of the sick person also began
    to move.
So even seriously sick persons began to recover.
25 Through herself she healed other people.
She swung her leg, and the sick person's leg also swung.
Through the pain she watched the leg.
This woman was called Kennynev,
she was a very strong shaman, but she never shamanized other people
    in a bad way.
30 She was just a healer.

Такое лечение более полезнее.
Она заговаривает и поднимает потихоньку ногу.
Никак не поднимет эту ногу.
Я видел через свою больную ногу её таинство.
20 Начинает заговаривать обстоятельно.
Даже медведя начала лечить, шаманить, тихонько поднимать ногу,
    он стал постанывать и зашевелил ногой.
Если кого начинала лечить, обязательно выздоравливали.
Ногу начинала шевелить и у больного тоже нога начинала
    шевелиться.
Так начинали выздоравливать даже тяжело больные люди.
25 Через себя лечила других.
Свою ногу качает, и у больного тоже качается.
Она через боль видит ногу.
Женщина по имени Кэӈӈыӈэв',
она очень сильная шаманка и никогда другим плохое
    не нашаманит.
30 Просто она целитель.

Yaganov,
Zakhar Stepanovich

Lesnaya, 17.10.2001

Яганов,
Захар Степанович

«Аннаскало – злая шаманка»

З. С. Яганов, с. Лесная, 17.10.2001

🎞 KLC362 ‖ 1›03:39 ‖ 5›4:04 ‖ 10›4:40

1 Ҟучаҟ тыттэль г'аткэӈо ынӈин ынпыӈэв' янот эллат.
Ынӈынэ уттынэ нэтэйкыткынав' ныкэв'и нымкыльлюлеӈ
г'уемтэвилг'ыпильнаҟ.
Ытгынан нэтэйкыткынэв'и.
Атты ынӈин ныкэтэ ӈаю в'айи янот ир г'ышг'а олень ҟораӈ
г'ышг'а ынӈин найырг'атыткын.
5 И, атты ынӈин эв'ьянваттыйна ынӈынэ.
Если ытгынан ыныкыӈ микг'ал алваӈ гапанэнатвылэн,
гэныкэлин ичыткын в'айи,
иногда наӈвоткна шхоккы ынӈынэ ынпыӈэву то ытт
ныг'аҟаэв'ьянвалаӈ г'аткэӈо ынӈына ӈэвг'ану.
Ынкэйит, микынэк иныплэнэ наӈвоткына в'и нашголҟэвыт
иг'ыньӈинэ тит наг'анҟав'на аҟаэв'ьянватык.
То ынанна ынно ын тэйкыткын ынӈинэ.
10 Атты эв'ьянватыткынэн ынӈинэ.
И мэӈки итгын ныки-ӈун ророӈа,
ӈаӈык ынӈин ныкэткынын улгувыткын или гаргынэӈҟач ын углук,
ын улгывыткынвот это вот в'ут называют В'энрэк – человечки
деревянные нэтэкыткын.
Ынно ын г'уемтэвилг'у уттынэ нэтэйкыткын В'энрэҟу.
Улгывыткына ынки и начинают ынӈынэне спят уйӈэ эйылҟаткы
алваӈ ныкиняҟу не спят.

«Annaskalo – an evil shaman woman»
Z. S. Yaganov, Lesnaya, 17.10.2001

1   Once there were very evil elderly people.
  They made these small figures from wood.
  They made them by themselves.
  They stuffed them with reindeer hairs.
5   The dolls served for shamanistic practices.
  And when they talked badly to somebody
  these elderly people began to pull the hairs and shamanize in an evil way,
    they were very evil women.
  Therefore the older people argue with them about the harm they send.
  But they go on to do evil.
10 Continue to shamanize.
  Where they have their tent,
  they bury their wooden figures there in the ground at any corner.
  These little human figures are called *V'enrek* and they are made of wood.
  They dig them, and those who live nearby cease to sleep at night.

---

1   Давно были очень плохие старухи.
  Их, этих маленьких человечков, из дерева делали.
  Они сами делали.
  Они заполняли их оленьей шерстью.
5   Куклы служили для шаманских действий.
  И если кому-то плохо говорили,
  начинают дёргать шерсть эти пожилые и по-злому шаманить,
    это были очень плохие жёны.
  Поэтому кто постарше, начинают их ругать за зло,
    которое они насылают.
  А так продолжает делать зло.
10 Продолжает шаманить.
  Где находится их палатка,
  они своих деревянных человечков зарывают в землю
    в каком-нибудь углу.
  Этих человечков В'энрэк делают из дерева.
  Закапывает их, и рядом живущие, перестают спать ночами.

«Аннаскало – злая шаманка»

(продолжение)

15 Йылӄыгырӈын эллэ тыннэ ныкэчг'атылӄэлат орав' унюнюпильӈак
   ӈыволат тэӈуйник ытту ынӈин ын наӈвоткына ныкэк-ӈун,
   потомучто иг'ыньӈинылг'у гымнан тылаг'уна ынкыт нымкыг'а
   игыньӈиг'эв'.
   Ваннэ- нимкыг'а и вот ӄучаӄ яярлыг'ов'э ыннын рарак в'ача ӈыволат
   яярыткок.
   Гыммэ тыпанэнатвыл айгывэнь ӈыволат яярыткок кытаван
   мэтэв'кэнаӈ.
   То в'айи ынкайпы яяргыпын нэлаг'улӄивыткын нэлаг'улӄивыткын
   ынӈынынэ.
   Эмеч ын В'эӈрылӄу, мэӈки гэтэнькычӈылэӈ, ынӈин яяргыпыӈ
   ынӈын нэлаг'улӄивыткынэв'.
20 Ӄунечэӈ яӄвэн ыч ынно ын. Ынно старуха мурык итылӄи
   ынпыӈэв'г'ал тыттэль г'аткэӈ ыннняньнёч в'уттык итылӄы
   аӄаэв'ьянвалг'ын.
   Ынно ын гымыкэньпичитэ ыннын игыньӈынилг'ын кылэлг'аннин –
   аг'а, кылэлг'аннин.
   Атты ынӈын тав'в'авыӈӄын эт мэӈӄымыч ныкыт гэтэйкылин ын
   В'эӈрэӄг'ал
   углук, углук ынки ӄонпыӈ ын итылг'ын ынпыӈэв' г'ал мурык
   омакаӈ,
   Ынкэгиӈки гэнвилин В'эӈрэӄ.
25 Ынно нэкаӈ ӄлэктомгыӄыӈ гынтэви.
   Атты гымнинэ эньпичив' мэӈкыт ныкычг'этлыӄэллат мэӈкытэӈ то
   гымык тыттэль тыччемӈин,
   эчаӄ тыӈвок тэӈуйӈык.
   Уже неделя наверное прошёл, вдруг гаймат галай г'опта альван
   тыг'ылг'ылат э ыннын эньпичив' гымнинэ.
   В'ай мыттаклаткын эт мурув'и?
30 Ынно ын кытав'ут ныкитэ гаймат где-то гынунныкитэ галай.
   Кытав'ут ынӈин ынно ын яярылг'ын мэӈин ытгынан тыттэль
   нымэллэӈ ынӈин ытту ын яярылыг'у ӄучаӄ.

«Annaskalo – an evil shaman woman»
(continued)

15 I watched this, when they could not sleep and children agonized over that.
But some of them take the drum and start to beat it.
I explained that they beat the drum from evening until morning.
Beating the drum helps to find these dolls.
The drum helps to find these buried dolls.
20 With us lived such a bad old woman, who shamanized in an evil way.
My father had chased her away for that.
Before she left, she succeeded in making these small wooden figures
and buried them at a corner near us.
The little human figure was located there in that place.
25 The old woman herself had escaped to her husband.
When my parents went out for the whole night, I felt bad
and began to weaken.
Perhaps a week went by and suddenly my parents got sick.
What had happend to us?
30 But at that time at night, probably at midnight, someone passed by.
My father took the drum and started to beat, others also joined in.

---

15 Наблюдал такое, когда сна нет и дети мучаются от этого.
Немногие, но берутся за бубен и начинают играть.
Я рассказывал, что начинают играть с вечера до самого утра.
Игра в бубен помогает найти этих кукол.
Этих зарытых куколок бубен помогает найти.
20 У нас была такая злая старушка, которая зло шаманила.
Мой отец за это её прогнал.
Она сумела перед уходом сделать деревянного человечка,
и закопала в углу рядом с нами.
Человечек обосновался там в углу.
25 Сама же старуха убежала к мужчине.
Как-то мои родители ушли на всю ночь, мне стало плохо,
стал ослабевать.
Прошла уже, наверное, неделя, вдруг мои родители заболели.
Что с нами случилось?
30 А в это время ночью, а может в середине ночи, кто-то проходил
мимо.
Отец взял бубен и заиграл, другие тоже подхватили.

«Аннаскало – злая шаманка»
(продолжение)

■ KLC362 ‖ 35 › 07:46 ‖ 40 › 8:29 ‖ 45 › 9:13

Чама яярыткок гэлаг'улин имыч мэӈки гэнвилын В'эӈрэк-г'ал
   яяргыпыӈ гэлаг'улин таньг'ав'.
Эв'ынг'эт ток тыв'иӈтэвык таньг'ав' ын аӄан эньпичив' таньг'ав'
   в'этӈтав'лат.
То атты ынӈин кытав'ут ралӄэв'лат гаг'уя ӄуччэт морыкраӈ раллат,
   вагаллат экав' гэллэлг'элаӈ,
35 нымӄыг'а экав' вапаӄ тыттэль унмык в'иннети ынки титэ
   лылалг'ылаткын ынкайп ын тыттэль амин ӄайг'алым ын
   нымэлӄин ын.
То ын вагаллат в'ачг'атытлӄэллат, яяр нэпирытит ын эмчинин ын
   яяр эӈэӈылг'у нэлаг'уткын эмчинин яяро ынӈынэ атты
   нэмэлг'уйиччвыт.
Г'опта ынӄайп г'опта наӈвоткына лаг'ук.
Атты яяр йытэллг'ын ынки ивытӄын:
«Имыч-ӄун-яӄ турув'и йылӄаллаткын?»
40 Гымыканьпэчэӈ ын ивыткын: «Ыччайгал мургин ынӈин Матле».
«Имыч-ӄун туру йылӄаллаткынэтык» – эв'латкын гымнин
   эньпичив' гымнин эв'латкын.
«Тэннэ мытыпкав'лат эв'ын мэӈӄымыч ын ынпыӈэвг'ал таис
   гынтэви в'айи райтылӄэ».
Мытыпкав'лат тайылӄыӈкы унюнюпильӈаӄ г'опта ӈыволат маӈкыт
   ныйылӄытыннэ, таӈойӈылат экав'.
Атты-яӄ ын эв'ут эк ӈывой ныкэк яярыткок ынки, ӈывой яярыткок.
45 Орав' нывили, ивиткын:

36

«Annaskalo – an evil shaman woman»
(continued)

While they were playing they found out where the wooden human figure was hidden.

I and my parents were surprised.

Suddenly she (a woman) came (to us) with her husband.

35 Intoxicated from fly agaric, she suddenly entered our house with her husband and they sat down.

After they had taken a seat, they took the drum and tried to beat it, but they were not able to play it well.

Soon they also noticed the human figure.

After putting aside the drum he said,

"But why do you sleep?"

40 To my parents, "This is our aunt Matle".

"You will sleep," my parents said.

"We cannot do anything, because the old woman went back home.

We cannot do anything and the children cannot sleep, and it's getting even worse."

And she began to beat the drum.

45 She stopped and said:

Через игру они нашли, где был спрятан деревянный человечек.

Я и мои родители были удивлены.

Вдруг она вошла со своим мужем,

35 опьянешие от мухомора, и теперь это вдруг зашли с мужем в наш дом и сели.

Сев, взяли бубны, попытались играть но не смогли хорошо играть.

Вскоре они увидели тоже человечка.

Лежащий бубен говорит:

«А зачем вы спите?».

40 Моим родителям: «Это наша тетушка Матле».

«Вы же спите» – говорят мои родители.

«Мы ничего не можем сделать, потомучто старуха ушла к себе домой».

Не можем ничего сделать, вот и дети не могут спать, прибаливают ещё.

И начала играть в бубен.

45 Остановилась, говорит:

«Аннаскало – злая шаманка»

(продолжение)

«Тылаг'ун тургин мэӈ ныкыӈ мэӈинынэк эл энйылӄав'кэ
нантыланэтк».

Гымык ыллаг'ыӈ ивыткы: Ӈаено кукла,
кукла айныӄ ынӈын чемг'уч ӄышг'ыг'ын, ӄыӈвон шыг'ыккы».

Атты-яӄ ын тылэйи ӈывонэн шыг'ыккэ ын аныӈкаӈ тэлыӈ орав'
кытав'т ын человечка тыгу'рэв'нин ынки.

50 Эв'ын-г'ат эчаӄ тэнэйӄамӈын, как ынанна лаг'унин ын чама ынно-е
в'айи тургин.

«Ынанна в'ут аӄаэв'ьянвылг'ынак ын эвь'янвалэн мэӈкыт-е
эмэчӄун-яӄ туру найылӄэлатык».

Атты ивыткын ӈывонэн тыгыюлэвык:

«В'айын эвыт-г'эт ӄыӈвогэ, ӄытэйкылат игыньӈын ныӄыӈ Вэӈрэӄ,
ӄытайкылатык.

То атты-яӄ ын кынтаӈатав'лат аминӈа милютатг'ула ӄыйырг'алатык
ын г'опта ныӄыӈ ӄалӈэӈырг'ын».

55 То ынӈын нэтэйӄын ныкэнэӈ в'а нэтэйкын эв'ыт-г'эт ынӈин.

Атты ӈыволӄэ этг'атг'ырнын чэммэвылӄы.

ынки в'айин г'эв'учкыг'а этгат в'айг'ын ӄынылыӄтэтгынэ в'уттинэ
мэӈки ын ынпыӈэв'г'ал итыткӄын тэлыӈ.

Тылэӈи, типкирылӄы тэчэммэвыӈ в'а амав'ныпыӈ эв'ын рараӈ
тэлэӈи то лэӄтыӈ ӄыкэвенлы кытвыл тэлыӈ экэвенлыкэ.

Ытту айӈон ынпыӈэв'гал ӈан ивыткын ӄорыӈ лыгаӈлыӈ
ӄыкэвенлы.

60 Ынӈин тав'в'авыӈӄы в'утыку ивыткын:

Г'оптата в'уттин ӄын В'энрэӄу ӄыныкэгы ӄыгыюг'ын
ӄыткылэлг'атылкы в'уткэкын ынно ын ныӄын в'айи таӄг'ал таӄу
нэлӈылӄывыт.

Ныӈвит что ли, г'аймат таӄу?

Г'опта ӄыг'уйгугына и в'ытыльг'ыӈӄынэ атты яӄ ын наӈвон
г'уйгук в'уттыку экав' милгып нэныӈлэвын ын наӈвон, г'оптат
тыг'уйгук милгэ.

«Annaskalo – an evil shaman woman»

(continued)

"I saw what prevents you from sleeping."
She said to my mother, "It is the doll,
There is a doll in the corner, start to dig (for it)."
She went there by herself, started to dig and came upon the human figure.
50 And she found out why the people could not sleep.
  "An evil shaman woman lived with you, she shamanized you
    so that you would be in trouble."
And she instructed us:
"Make a wooden human figure like this.
Dress it and stuff the clothing with hare fur."
55 They all did what she had instructed.
"It's dawn already,
bring it to the old woman by evening.
Bring it into the house. Go in, do not look back.
The old woman will ask you to turn around."
60 When leaving there she says,
"They will say there that they took away the wooden human figure.
But probably it is an evil spirit?
It bites at the bottom, and now the fire will bite it."

«Увидела то, кто вам мешает спать».
Матери сказала: Это кукла,
кукла находится в углу, начинайте рыть».
Сама подошла и начала рыть, достала человечка.
50 И она увидела, отчего люди не спали.
  «У вас жила злая шаманка, она и нашаманила вам неприятности».
Она начала учить:
«Сделайте такого же деревянного человечка.
Оденьте его и наполните комбинезон заячьим мехом».
55 Всё сделали, как научила.
Уже светает,
снеси это к той старухе довечера.
Неси, отнесёшь в дом. Пойдёшь, не оглядывайся.
Старушка будет просить повернуться.
60 Это уходя здесь говорит:
«Это здесь говорят, чтобы убрали деревянного человечка.
А может, он злой дух?
Он покусывает снизу, а сейчас его покусывать будет огонь».

«Аннаскало – злая шаманка»

(продолжение)

KLC362   ‖ 65 › 11:43 ‖ 70 › 12:20

Атты ӈытолқэвэ тыӈэлқынын ын ымэммэнэк.

65 Тынно тэл гэныкэлин гэпкырлин маӈкыт тыгыюлэв'нин ынӈын.
   Гэлэлин атты лэқтын г'экэвенлилин лыгыт увик ыньӈинэтэ
   ныкэв'и ӈытақ Вэӈрэқу ынӈынэ.

Увик кытавэн мэчг'аӈ г'эв'в'ив'в'эт ӈанык лыгытвэн, то ын тэкурыӈ
   эв'ыт в'а лыг'ытвэн лыгаӈлыӈ эв'ут қыниӈлг'ыннэт в'а лыг'ытвэн
   тэллыӈқал.

То гыттэ кытвыл эныкэкэ в'а лэқтыӈ экэвынлыкэ тэл итықын.

Эв'ыт вэтга гарайтылқэ ынқыт.

70 Атты гэлэлы лыгытвэн гэнтылин.
   Тэник райты ыннын, то тыннэ ынкав'ач муру эчақмэл тақык
   мытыв'ыянтав'ла г'опта.

Мичг'ан мытыӈво йылқатык, кырвэльг'атлкэват тэмисьг'ам,
   то конпыӈ нэкалат.

В'айи наньмачгав'ламык.

Мэки ӈаен ынпыӈэв', ынын нынны котваӈ? – Анг'асқало.

«Annaskalo – an evil shaman woman»

(continued)

He left.
65 He arrived there, just as the woman had instructed him.
He brought the doll, turned around, but felt two wooden human figures
on himself.
"Try not to be frightened and throw them at the door.
And yourself at the same moment turn around and go home.
Go home immediately."
70 Then he came back.
He returned home, and all of us recovered.
We were able to sleep well and talk.
And recover.
What a woman she was – Annaskalo (which means "not wanted").

Вышел.
65 Пришёл туда, как учила женщина.
Отнёс куклу, повернулся, но почувствовал на себе двух
деревянных человечков.
Постарайся не испугаться, и сбрось их к дверям.
А сам в самый раз поворачивай в обратный путь.
Тут же сразу иди домой.
70 Теперь уже вернулся.
Вернулся домой, и мы все выздоровели.
Хорошо стали спать, общаться.
И выздоровели.
Кто такая старушка, есть ли у неё? – Анг'асқало (Нежелаемая).

«Аннаскало – злая шаманка»

(II часть – продолжение злой шаманки – Аннаског'ал)

📽 KLC362 ‖ 75 › 12:44 ‖ 80 › 13:24 ‖ 85 › 13:57

75 Ынно ын ыннэн ынпыӈэв' гайча ван гыргочаӈ ынтав'ут ӈан
   Татоляӈтаӈыкӈаник нымӄыг'а ӈан летом этылӄэлат ӈаник.
   В'а ныкэв'и полокав' то мэмыв'ви ӈаник.
   Семей пять ӈаник этылӄэв'латкын тэйӈэтык.
   Ынно ыньӈынаг'ал ынпыӈэв'г'ал ӈаник нэмэк итылӄивыткы.
   Кунечэӈ нэмг'эк гэныкэлин ын ынпыӄлавол Олексей ӈаник
   ынакныкын ынанны гэнвыклыв'лин,
80 унмык гашголэн амин игыньӈыничг'ын аӄаэв'ьянватык.
   Эллы тын экав' ныӄын эйылкэ в'а ынныпыляӄ эллэ таӄ эйылкэ
   гэнтылӄылын ынӈын.
   То ынӈынаг'ал унмык гаг'аӄамав'лэн иньӈын ынпыӈэв'г'ал.
   А ынӈынэ ныкэк нун мэмик гыргол полоӄав' нэв'ут'ыт'кына ӄучаӄ
   ӄучаӄ тыгынэ.
   Яӄ ӈыволаӈ мэмив' нэтэйкыткын специально.
85 Ынно ын ытин ӈанко гитыгит тытына мэӈин, лестница, гитыгит,
   ынкэгыӈки гитэк ын аниӈӄыгэӈкэ нык ынтав'ут ын тоже В'эӈрэӄ
   г'этэйкылин ыннэн ын ынпыӈэв'шег'ула.
   Аныӈкагэӈки гитыт в'а ынкэгиӈки аныӈӄаӈ гулгув'лин ын.
   Микннэк-е лыги нэнг'ылӈылӄы ын В'эӈрэӄ ынкэгынкы
   гэнив'лылин ынынна аӄаэв'ьянво ынӈин.

42

«Annaskalo – an evil shaman woman»
(Another episode of the evil shaman woman Annaskalo)

75 The old woman, who lived upstream, came during the summer
    to the Fox river.
There were many tents and fish drying racks.
Five families were there for fishing.
She also stayed there.
And it happened that the local elder Oleksei offended her
80 as he did not give her small fishes.
She pulled the hairs (of her doll) and shamanized in an evil way.
The old woman had become very angry.
His tent was tied at the top of the drying rack, the others below.
They just began to make a shed on racks for storing the products.
85 She laid down near the ladder
    that which is called *V'enrek*, the wooden human figure.
She buried it there near the ladder.
Who would have known that even there you would have put the
    afore-mentioned evil little person?

---

75 Одна старушка, живущая в Верховьях, летом пошла к Лисьей реке.
Там было много палаток и балаганов.
Семей пять там было на рыбалке.
Она тоже там находилась.
И надо было тамошнему старику Олексею обидеть её,
80 не дать ей рыбёшки.
Она надёргала шерсти и нашаманила дурное.
Так старуха сильно рассердилась.
Его палатка была привязана наверху на балагане, остальные внизу.
Как только стали делать сарай на стойках для хранения продуктов.
85 Она около лесенки положила
    то, что называется деревянный человечек.
Там она и зарыла возле лесенки.
Кто бы знал, что именно туда положили заговорённого злого
    человечка.

Yaganov,
Zakhar Stepanovich

Lesnaya, 17.10.2001

**Яганов,
Захар Степанович**

«Отдельно другой – Микифлю»

З. С. Яганов, с. Лесная, 17.10.2001

KLC362 ‖ 1 › 14:31 ‖ 5 › 15:02 ‖ 10 › 15:38 ‖ 15 › 16:17

1 Атты яӄ ын ынтав'ут ӈан в'ачӄэн Микифлю,
Ой, ӈанык ӄэй г'ам ӈывоткынэн гымнан эл элӈыкэ в'айи
эӈэӈтылг'ын аваломка.
Ыннинэ какие-то ныкэв'и, в'а наӈвоткын эӈэӈтэк,
ӈывоткын эӈэӈтэк итти ыныннэ в'а нвилыткын атты эчаӄмэл
эвылӄэв'лат Чикикэв'.
5 Ӈанэн ат нымкыг'а пычикав' кытав'ут г'орав'ыткол ат г'орав'ыткол ат,
эв'ыт амалваӈ ӈыволат айнэчерык ынӈынэ пчиӄав'.
Чикикану нэлӈылӄыӈ ынӈынэ.
Ынно ынкайпыӈ ынанна гэникэлин гив'лин:
«Ус лыв'отомг'ын, ус ӄыникэги ӄыяярыткогэ, яӄын маӈкыт
мынйылӄалла, экав' г'анвол унмык тэӈуйӈык ын мэӈин ынан
гэникэлин гэв'ъянвалэн ын».
10 Итти гаӈволэн ныкэк г'эӈэӈтэлӄылин ынно.
Атты ныкэтгуӄын тынэнмэчгэвык нымыткин, аӄан тын
тантымӈэв'ӈынэн роккы мытталатыткын мэӈкит ынӈин
тыӈыветкын ыннын Чикикэв' ӄайг'алм яяргыпыӈ ынӈин.
То ынӈин рокка эв'ыт тэник яярык нэныкэтыткын,
ӄайг'а найтыткын тэл Чикиӄэтэ.
Ытту ын ӈыволат эйӈэчырык ати атты интересно.
15 Хоть ынно ын гив'лин гитэк ив'тылгиӈкы ӄынэкалатык ӄышгыгын,
миӈкы никын в'а гитыгит иткын ынкэгиӈкн кышг'ыг'ын ынӈин.

«Another shaman – Mikiflyu»

Z. S. Yaganov, Lesnaya, 17.10.2001

1 Now I will tell about someone else, about Mikiflyu.
  Oh, I never knew how he sings.
  He has these songs, when he begins to sing,
  he starts to sing and suddenly fades, as though birds talk.
5 There are many of these birds, and they suddenly appear,
  and begin to screech in different ways.
  They are called Chichiki.
  He said about them,
  "Well, my friend beat the drum so that I could not fall asleep. I was very
    tired. Someone probably sent misfortune."
10 And then he began to sing.
  Good, if there were a sorcerer, if the tobacco box were gone,
    he would quickly find it, the Chichiki, with the help of the drum.
  And always this tobacco box, with the help of the drum
  (which) the birds brought.
  They began to sing and it is so interesting to listen to them.
15 Though he asked to find (animal) hair under the stairs,
  I did hide it near the ladder, and kept it.

---

1 Сейчас начну про другого рассказывать, про Микифлю.
  Ой, я никогда не знал, как он поёт.
  У него такие песни, начинает петь,
  начинает петь да вдруг замирает, как будто разговаривают птицы.
5 Этих птиц много и ещё вдруг появляются,
  и начинают по разному кричать.
  Чичиками их называют.
  Он сказал про них:
  «Ну-ка, дружок сыграй на бубне, что-то я не могу заснуть,
  совсем ослаб. Кто-то наверное наслал беду».
10 И тот начал петь.
  Хороший был знахарь, если пропадёт табакерка, быстро находит её
    Чикики с помощью бубна.
  И всегда эту табакерку с помощью бубна,
  доставляли птицы.
  Они начинают петь и так интересно их слушать.
15 Хотя он просил под лестницей найти шерсть,
  спрятанную возле лесенки, и повыдёргивать их.

«Отдельно другой – Микифлю»
(продолжение)

Гэшгылҡы аныӈкал ынӈин лыгут кытав'ут В'эӈрэҡняҡу
гэнг'урэв'лин.

Вот ыннэн ын ынпыӈэв' игыньӈин.

Ыннэн ынкыт гэныкэлин ҡынлэгын панинэк, маӈки ынныннэ
ныкаг'ал к'улгув'ӈынин в'алат г'оптата.

20 Тоже ыннэн ын ыннэн ҡулгув'ӈынин ҡынлэгын панэнаӈ ын маӈкы
ынпыӈэвг'ал итт ынки ҡулгув'гын ыныккын таккын г'опта
таӈойныгырӈын ынык нымэнни эв'ыт.

Ынно ын Микифлю тыттэль ныкэтгукин амин ныкы- в'а
эӈэӈылг'ын,

эӈэӈылгг'у нэлныькын ынанна.

Кунг'эчем коня гантымнэв'лэн ынки,

маӈкыт-г'эт тэл гэныкэлин уже неделю напкавыткын эмэв'ныл
талаг'унки Татоляпкавык ӈанык.

25 Атты гив'лин лыв'вотомгын ҡыникэгын ҡытэлыг'уӈгын гатгы уже
всё гэныкэлин,

маӈкыт г'эт гэгынтэв'лин коня в'ыйин эл уздечки ничего просто
отпускали.

Коняв' ӈан гыргочаӈ итык чинин.

Ҡучаҡ коняв' гарайтылан, то ыннин эллэ тын.

Атты гаӈволата яярыткок, атты тэнык гэплыткулкы ивылҡы:

30 «Айнык тэл ҡыллепҡэв'лат эчгэтын, ынкайпыӈ коня таг'урэвын
в'айын».

А-г'а, гаӈволан тэник лылепык тэлыӈ, кытав'ут нан гыныгнылин
илгылҡын коня ын.

46

«Another shaman – Mikiflyu»

(continued)

Looking from the outside, he could also find a wooden human figure.
There was an old woman like this.
That old woman buried two knives at this place.
20 Also taken there,where she digs, that this disease was passed.
This Mikiflyu was a very strong shaman,
as they called him.
Whenever a horse got lost,
to where it disappeared, for a week already they could not find it
at the Fox river.
25 They turned to the friend who might find it.They already did not know
where the horse had run away to without the horse tack;
it just disappeared.
The horses came by themselves from the upper river.
Others returned home, but this did not happen here.
He began to beat the drum, and when he had finished, he said,
30 "Look up there, from there the horse will appear."
They looked in the direction that had been indicated. Suddenly the horse
appeared on the glade.

Поищи с внешней стороны, нашёлся и деревянный человечек.
Вот одна такая эта старушка.
Одна такая старуха закопала на таком месте два ножа.
20 Тоже отнеси туда, где она закапывает, чтобы это заболевание ей
передалось.
Этот Микифлю очень сильный шаман,
его так и называют.
Как всегда затерялся как-то конь.
Куда подевался, уже неделю не могут найти на Лисьей реке.
25 Обратились к другу, чтобы поискал его, они уже не знают,
куда убежал конь без уздечки, просто отпустил.
Лошади сами пришли с Верховий.
Другие вернулись домой как ни в чём н бывало.
Начал играть на бубне, закончив сказал:
30 «Посмотрите туда наверх, оттуда появится конь».
Начали смотреть в ту сторону, куда указали. Вдруг на поляне
появился конь.

«Отдельно другой – Микифлю»
(продолжение)

KLC362 ‖ 35 › 18:42 ‖ 40 › 19:17 ‖ 45 › 19:50

Ӈойӈын в'а лыгытвэн ныкэткин тулвыткынэв'галӈыл ынэчгуткын
эчаӄмэл кайг'ым рвитэ наткыплыт нанкайп корыӈ найтатыткын.
Кайга'ым Чикикэтэ ын наныкэткын кор найтатыткын ы-г'и.
Я коня гарайтылэн эчак эл этакылг'ин.

35 Экой! Ныкэтгулэӈ янот игыньӈэви, ынно ын ытгынан яяргыпын
 ӈыволат яярыткок,
 акаӈ нурага'кын г'опта нэлаг'улкын.
 Тулг'ылг'у мэӈинэв' то ын ӈинэ ныкэтгулэӈ яӄ ыннын ытту ныкэк.
 Тулг'ылг'у ынтав'ут ынӈин ныкэтэ яяргыпыӈэт мэӈкыт
 нэникэткын.
 Наӈвоткныа энарэтык мэӈинэ ӄонпыӈ тулг'аллаткын аӄан
 маӈэнрарак,

40 мэнкэкынэ нутэкынэ, ва мэмикинэ так нэтулг'этылкывыткын
 ыннынэ.
 Маӈкыт ын ынникэ ынлаг'ун,
 то ынӈин нэныкэткын мэӈин эӈэӈылг'у ыннин нивыткыӄин
 нывэкык кытэлэг'ун, ӄыгыюлэв'гын.
 Атты ынӈин нэныкэткыӈ эт маӈкит нав'яӈватыткын маӈкит г'эт
 ыннынэ яяргыпыӈ г'опта.
 Г'эв' кытав'ут ын чининэч эв'ыт ыннынэ орав'латкын ынки.

45 Ынтав'ут ыннин ныкэв'и вайи тулг'ыма в'айи мынга
 мынго в'айи тулг'атылкэв'лат ыннин нанкымгынуткын в'а
 лыгытвэн, вот так.

«Another shaman – Mikiflyu»

(continued)

It lifted its tail, looked around to all sides as if they would whip it
with a rod.
But this little bird drives it.
The animal had returned and nothing has happened to it.
35 So it was. Earlier we had strong shamans, when they began to beat
the drum,
they immediately found everything in the distance.
Thieves, who are also strong, also knew this.
They knew what they could find through the drum.
They began to look for everything that they had stolen in whatever
house,
40 from the tundra, from storage huts on poles.
As soon as they found something,
the shaman asked to find and to punish the thieves, to teach them a
good lesson.
All this they found out with the help of shamanic practice and the drum.
Lost things immediately appear.
45 Then the hands that had stolen,
were bound together with (reindeer) sinews.

Хвост поднял, оглядывается во все стороны словно его хлещут
прутом.
А это птичка его подгоняет.
Животное вернулось и ничего с ним не случилось.
35 Вот так. Раньше сильные были шаманы, как начнуть бить в бубен,
сразу всё далёкое находят.
Воры, которые тоже сильные, знают тоже это.
Они знают, что через бубен могут найти.
Начинают искать всё, что своровали в чьём-либо доме,
40 из тундры, из мамичек-сараев на сваях.
Как только находят вещь,
шаман просит найти и наказать воров, проучить.
Всё это узнают с помощью шаманства и бубна.
Пропажи сразу появляются.
45 Теперь эти руки, которые воровали,
в них жилы стягивают.

«Отдельно другой – Микифлю»
(продолжение)

Мэӈкыт актыко ныныкэн в'айи нэнкымгытыткына рытув'и
ынтав'ут кайг'алым ыннин нннык элгу нанкымгытыт.

Мэӈкыт нэнтэкын таньӈычгытав'ӈын маӈкыт нэньг'урэв'ӈын
мынгув'и.

Тнэнг'урэв'ӈын если лыгытвэн эв'ыт нэтэлгэлнын ӈано вут
гэтулг'этыт гытти гэтулг'атги,

50 гытти тулг'атытқын ынки.

Игыньӈ ник гыт мынгылнын в'ут гэныкэлин ганванӈаллэн в'а
лыгытвэн.

В'а лыгытвэн налаг'уткына, ус ва инэнгыюлэвыткынэ.

Ынно наӈвот ныкэк в'от налаг'утыкн гыттэ қычын нымал
тулг'атыткын.

Гыммо нымал тытулг'атыткын эллэ микг'ал, гыммэ тытулг'атка.

55 Атты-яқ тытаг'анқавыӈ этг'у тит тулг'атык.

Ынно ын лыгытвэн ныкэткын в'а ивыткын энатватыткын.

Тытаг'анқавыӈ этг'у тит тулг'атык ақан мэкытык,
юргывиг'ык ытти.

Ну во ынӈин-яқ яққачг'ам-яқ ын эв'латкын ныррытқын эчақмэл,
ус таньг'ав'.

«Another shaman – Mikiflyu»
(continued)

They pull the sinews together and the hand is compressed to a fist.
It would be a shame to show the hands.
As soon as you show it, everyone understands that you are a thief
50 and that you stole.
The hand is compressed so that the sinew makes a cut there,
  (where) the sinews pull it together.
Everyone sees that they were punished.
Everyone sees that you stole.
Truely, I do not steal.
55 Then you stop stealing.
He promises not to do so.
I will cease stealing and behaving improperly.
Well, this happens, it is true.

Стягивают жилы и рука сжимается в кулак.
Как стыдно будет показать руки.
Как только покажет, все поймут, что он вор
50 и ты воруешь.
Рука сжимается от того, что на месте жил делается надрез,
  жилы стягивают.
Все видят, как накажут.
Все видят, что ты воруешь.
Я правда не ворую.
55 Теперь ты перестанешь воровать.
Он обещает этого не делать.
Перестану воровать и безобразничать.
Ну вот, и такое бывает, правда.

Yaganov,
Zakhar Stepanovich

Lesnaya, 17.10.2001

**Яганов,
Захар Степанович**

«Как шаман всех чукчей победил»
З. С. Яганов, с. Лесная, 17.10.2001

KLC362 ‖ 1 › 21:21 ‖ 5 › 21:55 ‖ 10 › 22:28

1 Ынно нэм г'ы-г'ы янот уже нэкув'и, таньнув'и эчгатылқал ӈаны.
Ӈанкакэнав' итту гэникэл уже ав'в'авлаткы корыӈ.
Ӈыволаткы чоччымавык ынӈин, яяро ынӈи налаг'улаткы.
Атти ынӈин тул нэетын қорыӈ ыникык ныкита қайг'а қун.
В'ай, қун эчен ныки лықлэӈкы в'а лыгитэр ыньӈи таньӈо
эраняқо ныкэв' гэкэнэ.

5 «Қычоччымавылқэв', уже гэв'в'эвылқив'» – ынпықлавол ынки
итг'иргын яваткэн, тин нимқықин.
Итг'ипиль ынӈин эмқульгыпиль, чамъяқ лымгын пипыткын
альгыты, ынанкымгын.
Ынно лыгиэӈэӈылг'у аму итылқив' тыярарын.
Ынан гаярарыткол қэв'лэн.
Ынанны гэвылқы гэнгиевэлин, гив'лин: «Атти мур натанмыламык
г'оптымыӈ, яллаткын таньӈув'и».

10 Атти ын гэникэ, ным мыннумэкэв' вуткэкинэв' г'опта орачекырго,
ынъяйналқэв'ла...
Ора в'ын ынпықлавол ивылқи: «Таккинав'! Кытол эни эньӈивыка.
Гымнянёч! Ивыткын: Мыёг'ылқы, мыяйналқэ».
Итти ныки ивыткын:
«Гэкэнэ гыммо, гымнянёч мыёг'ылқи, мыяйнан».
Атты ныки воткайпы где-то 50 км, наверное, туда севернее.
Ӈаныкикын итыткын в'эм, Гычголкаврано нэлӈыткын.
Вдоль моря ӈанын, как раз около моря, берег яқам тэн скалистый
ныкин. Вот море.

«How the shaman defeated all Chukchi»

Z. S. Yaganov, Lesnaya, 17.10.2001

1   At dawn, we saw Chukchi, who came walking towards us.
    They were already hurrying and noticed our houses.
    They were expected to arrive at night.
    It was winter, therefore the Chukchi moved ahead on reindeer.
5   "Get ready for the way," said a feeble elder, who was dressed in his
        kukhlyanka (fur coat).
    From the fur of his *kukhlyanka* only the leather was left, although it had
        a hood that fit the face of the owner tightly.
    He was a real shaman.
    He began to beat the drum.
    And he began to say, "The Chukchi will kill us."
10 "Let's gather our people and send them to meet them",
        they answered him.
    The elder went on: "That is not necessary. Don't think about sending
        anybody.
    I go there by myself to meet them."
    But this was 50 kilometers north of us.
    There was a river which was called Gichgolkavrano – "upper circular
        turn" – which went along a rocky coastline.

---

1   На рассвете мы увидели чукчей, идущих к нам.
    Они уже спешили и видели наши дома.
    Приблизительно прибудут ночью.
    Это было зимой, поэтому чукчи передвигались на оленях.
5   «Готовьтесь в путь», – сказал щупленький старик,
        одетый в кухлянку.
    От меховой его кухлянки осталась только кожа, но с капюшоном,
        плотно облегающий лицо хозяина.
    Это был настоящий шаман.
    Он начал бить в бубен.
    И он начал говорить: «Нас всех убьют чукчи».
10 «Давайте соберём наших парней и пошлём их им навстречу» –
        ответили ему.
    На это сказал старик: «Не надо! Не вздумайте никого посылать.
    Я один сам пойду к ним навстречу».
    А это было севернее от нас в 50 км.
    Там была река с названием Гычголкаврано – Верхний круговой
        поворот, которая шла вдоль моря со скалистым берегом.

15 Ыньӈан речушка туда ныки раглаткын.

Раглат тат гыргол тут аллы нитыткын. А гырголалӄык г'опта где-то от этого наверное 50 наверное больше.

Ну вот, кит-кит эв'ыт ныкэткын лыгитвэн, ынӈин в'ай ӄитыткын лёд ийкэлг'ын г'опта ачаӄмал какой-нибудь нантрасыткын лыгитэ и тытг'анинын...

Тэнмав' эн гыргочан в'ины лиги лыӈык.

Ныки, маӈкайпы ынта этг'у. Тэнмав' гырго нычоко тыкаврала.

Маӈкыты ынкыт элла.

20 «Вот чаевал, специально чаевал, тылаг'ун гымнан Гычголкавран. Ынно г'ан Гычгокавраныӄ, ынно ганикалин, гагалалин» – ынпыӄлавол ынӈын.

А ынӈин как раз гапӈолэн ники, эллэ тин эв'ырреткэ итыткын, ачаӄмал в'а ники лёд г'опта.

Г'аӈлаӄ гаӄачпыӈолэн лыгит ачаӄмал нымичг'аӄин в'ины, а ынӈин эв'ын большой обрыв тэл никыӈ в'утку обрыв.

К скалам яӄам прямо туда на водопад ынно итыткын.

Ӈатэн ынпыӄлавол ӈанэнӄал ганг'алэн, гаёг'ылэн ынӈин пыкирлыг'у.

25 «Ӄые-ӄок, ынпыӄлаволпэль, аму миӈкые г'аӄавыӈ?».

Ӄайг'ат турыкыӈ тыялгытыткын аг'а, тыялгытыткын то рэмкылг'у тыкояйнаӈынав'.

Ӈэлвылг'у г'опта тыкояйнаӈынав'.

Маӈки никынут нымйырг'ын тургин итыткын? Манӄай в'ины? Аг'а.

Ӄун, тытангыиевалаткы в'ай ынӈин аг'а, тытангыиевалаӈтык.

30 Гэкэӈэ ынпыӄлавол явачыӈӄал кор ныки ӄити как ра в'ины гаёг'ылэн ыно ники паӈкайпыв'ины.

Гангыиевэлин: «Вайи, вэтга воткайпыӈ!».

15 There the river emptied.
It disgorged there from a height of about 50 meters.
At that time (in winter) it had turned into solid ice.
But the way upwards was little known,
how to get there and where to turn towards the top.
20 "I especially drank tea there, looked at this river, and saw how it runs,"
said the old man.
But now it has completely turned into ice, nothing can be seen.
Here it has shoaled and apparently was a good trail to travel on.
But there was a big steep face of the rock, which resulted in the waterfall.
The old man set off there to meet the unwelcome guests.
25 "Oh, old man, which way you are going?"
"I'm just going over there to meet our visitors,
I meet the camp."
"But where are your people? Where is the trail?"
"I will show you."
30 The old man went himself on reindeer behind the guests and led (them)
to the icy road.
He said, "Here, directly along here!

---

15 Туда-то река впадала.
Падала она с высоты примерно 50 метров.
Сейчас там она превратилась в сплошной лёд.
А дорогу наверху мало кто знал,
как там пройти, куда наверху повернуть.
20 «Я там специально пил чай, видел эту реку, видел, как она
протекает» – сказал старик.
А сейчас он полностью превратился в лёд, ничего не видно.
При этом он обмелел и кажется хорошей дорогой.
А там большой обрыв со скал и получается водопад.
Этот старик отправился туда, встречать непрошенных гостей.
25 «О! Старик, куда путь держишь?».
Я как раз к вам перебираюсь, перебираюсь и гостей встречаю.
Табун встречаю.
А где находится ваш народ? Где дорога?
Да, я вам покажу, покажу.
30 Сам старик на оленях пошёл сзади гостей и повёл к ледяной дороге.
Указал: «Вот, прямо по ней!

«Как шаман всех чукчей победил»
(продолжение)

То нымичг’ав’ины ачак̣ в’айи. «Воткайпыӈ к̣ытэл, к̣ав’в’ав’латкын!».
А ыннэн явачыӈк̣ал к̣ын вэлэткылэйкы ыннин. Никынут лось
нымкыльӈын ынан гэникылин гэнгыючев’лин.
А-в’а-в’а! Ыннэнек̣у яваткынэн ныке. К̣учак̣ г’опта к̣орав’э
наяваткын!
35 А ынан лось гэнгыючев’лин. Ыннэн яваткынэн лось. Вэлэткылэн
явачыӈк̣ал.
Ынно ынӈин гэв’в’ив’лин ынӈин га гаёг’ылэн в’а ныки
майӈыяёчгын тэло.
Этг’ойталыӈ, эчек̣мэл ыннин в’а. Этг’ойталаткын гэкэӈэ к̣орав’э
гапок̣тайылк̣ала тэло.
Ынав’ут аӈк̣аӈ тараллаткын.
Тата, ман ира?
40 Ынанут к̣ыники, к̣ылалаткынэйкы. Аг’а. Ну чтобы тини напэӈтын,
К̣анвут ымыӈ аракчерлаткы тэлотыӈ. Тит анӈо тарэлк̣ивынав’
кытато упригано аӈк̣ану нырэллинэв’.
Г’опта гэнэричиллинав’ то ыннэн никынут, мэӈынэк лось
яватыткын, актико нычемэвын ынкыт.
Ынно маӈкыт ныки, тыньӈэтынкын лыгитвэн ныкэн глушняк
маӈкытын ныг’ынтыткын.
Ынпык̣лавола гэникэлин. эчек̣мэл ынан в плен гэкмилин ын.
45 Ыйивут ынгэнгынтэв’лин элвэлг’ин в’ины, в’ины гыргочатык.
Ӈанк̣о к̣орыӈ гэтэлин ынпык̣лавола, ыччак̣ в плен гэникэлин.
Атти гивылк̣ив’лин: «Если нэникэв’кы ынӈин г’опта гэричилин,
эллы тинга, ыннянэч гэнг’элин.
Ныки мурув’и мытъяллаткын к̣орыӈ, туру г’опта мынг’ынмыткола.
Тымыткони̇выӈ тыяллатык. Ынынно напанэтваллан».
Один дом остался. Вот и ынпык̣лавол, гэналваллэн ыннянэч.

«How the shaman defeated all Chukchi»
(continued)

It is a good road over here, set off!"
But there was someone who dragged behind with a tamed elk.
That must be so! Only he went on the elk. All (others) travelled on reindeer.
35 He had tamed the elk and trudged behind all (of them).
They all have reached the cliff and fallen there.
They simply slid off together with the reindeer
and fell into the sea.
"Father, how is it there?" –
40 "Well, go on". Suddenly someone falls,
Many fell down. They wanted to come to us, but they ended up in the sea.
All of them fell down, only the one on the elk did not.
Somewhere he wanders about, where did he get to.
The old man had to take him into captivity.
45 So he went along the other upper road.
The old man drove him from there and took him as a captive.
He said, "They all were killed, only one survived.
If we had come here, we would have killed all of you, they had come to
    ruin you."
Look, this old man, one (person) had defeated all of them.

Это хорошая дорога, по ней и отправляйтесь!».
А тот, кто сзади волочился, лося приручил.
Ну надо же! Он один едет на лосе. Все на оленях!
35 А приручил лося и плетётся сзади всех.
Все добрались до обрыва и кувыркнулись туда.
Просто соскользнулись вместе с оленями и вниз,
попадали в море.
Отец, как там?
40 А ну-ка иди, проходите. Вдруг кто-то нападёт,
многие попадали вниз. Хотели к нам придти, да в море угодили.
Все попадали, только тот, что на лосе, никак не доберётся.
Где-то плутает, куда ему деться.
Старику пришлось его взять в плен.
45 Так как пошёл другой верхней дорогой.
Его старик оттуда погнал и взял в плен.
Он сказал: «Все погибли, только один остался.
Если бы мы пошли, мы бы тоже всех поубивали, они же пришли
    нас погубить».
Вот это старик, один всех победил!

Yaganov,
Mikhail Grigor'evich

Lesnaya, 06.11.2001

**Яганов,
Михаил Григорьевич**

«Шаман не верил в нападение чукчей»
М. Г. Яганов, с. Лесная, 06.11.2001

🎞 KLC362 ‖ 1›28:09 ‖ 5›28:39 ‖ 10›29:13 ‖ 15›29:40

1 Один, это самое, шаман, тыттэль, ынӈин никынут копьё
 тыпыткынин эрын.
 Ынкыт вагалыткын. (Таӄув'и?) Копьё, шаман ын гэникэлин.
 Г'ан ынпыӈав'пилиӈ гэ гаӈвол ивык: Надо ылыгэн аты мур'
 гантыгыпэв', гэнтыгыпэв'лэн.
 Атти муру натаёг'ыламык».
5 А ын ынпыӈав'пиль ынӈин ятан внуч внук остался.
 И ынно она ынӈин не верили её. Шаман ынно ӈан.
 Пэӈэлӄутынаӈ гэныкэлын остриём копьё гэнпылин. Ынӄэӄык
 гатвагалэн, гаӈвоӈ яярыткок.
 Гэплытколэн яярыткок, ымоӈ камлэлыӈ тит уйӈэ йынны мэки эеткэ.
 А ынки кытав'ут гапарвэталлэн эл гыммо ат ынпыӈав'пиль.
10 Пальмыӈ гэгитэлин.
 Вот-вот-вот аты ялlatкын ынӈин сразу ӄмиӈыпиль геникэлин,
 гив'лин:
 «Ӄыникэгын явакур мургин последний аты ӄэтылӄэв' инг'а.
 То кимитг'ав' гымнан мынчоччымав'лан, ыно-г'ат накоёг'ыламыт».
 Ганчоччымав'лынав', гаӈволэн кимитг'ач, г'ам ӈано яваӄой амин
 гайтылэн, еӄэ ныв'инӄин.
15 Гаёг'ылэн кыта аӄлавэлок наӄа ӄытынпогын.
 «Мэӈӄыт яйылг' этыӈ, елын мыччелӄытыӈ, мынылӄыт».
 Гатынполэн га яваӄой а ынӈын в смертный ныки ганыкы,
 гамыль гакыттальпылэн.

«A shaman did not believe in the raid by the Chukchi»

M. G. Yaganov, Lesnaya, 06.11.2001

1 A shaman sharpened his spear and put it down.
He sat down nearby. The shaman and the spear were close to each other.
And then the old woman said, "We have to calm ourselves.
They will soon attack us."
5 This old woman had only a grandson left.
But he did not believe her, the shaman.
Penelkut took the spear and threw it down nearby and started to beat the
    drum.
When he had finished beating the drum, he noticed that nobody came.
He looked at me and at the old woman and he also looked around.
10 He looked around.
There, they're approaching us, and the child said,
"Bring the riding reindeer, my last one, yes, faster.
And get your coat ready, there, they're coming this way."
They got their garments ready, put them on, drove with the riding
    reindeer, a very calm one.
15 Then they stabbed it.
"Wherever it falls, we will go in that direction."
When they had stabbed it, the reindeer ran wildly in pre-death agony.

---

1 Один шаман наточил своё копьё очень остро и поставил.
Сам сел рядом. (Что это?) Шаман и копьё рядом.
А тут и старушка говорит: «Надо притихнуть.
На нас скоро нападут».
5 У этой старухи лишь внук остался
и он она сама не верили её. Шаман он тот.
Пэнэлӄут взял копьё и воткнул рядом и начал бить в бубен.
Закончив бить в бубен, увидел, что никто не пришёл.
Он посмотрел на меня и старуху кругом ещё посмотрел.
10 кругом ещё посмотрел.
Вот-вот подходят, а ребёнок говорит:
«Приведи ездового оленя, последнего моего, да побыстрее.
И одежду приготовьте, вот-вот к нам придут».
Приготовили одежду, оделись, подогнали ездового оленя,
    очень смирного.
15 Закололи его.
«Куда упадёт, в ту сторону и пойдём».
Когда закололи, олень в предсмертной агонии помчался.

«Шаман не верил в нападение чукчей»
(продолжение)

KLC362 ‖ 20›30:09 ‖ 25›30:50 ‖ 30›31:26 ‖ 35›31:57

Выг'аёк ныки гаёг'ылэн кокъёлгын. Ӈанык гаг'ив'ӈалин яваӄой,
  гэвиг'ылин.
Они туда подошли. Тэлыӈ галэлинэв' ныткы.
20 Мэльяӄа гаӈволэн кумӈык, тэйӈатык, оптым ӈаен гаӈволэн.
Гаёг'ылэн ӈано. Ымоӈ ӈаен ямкын…
Ӈэлвылг'ын гэкмилин галя гайталэн ӈын тык тэлоӈ. Вот.
Ынӈин ныкы-ӈун гэлаг'улин в'ай кок ей, э-э тымъёв'э на вес
  на весну наконмиткоӈын.
Ӈанэн галаг'улин, ынпыӈав'пиль гэлэлин.
25 Ӈанык галаг'улин элэнэӄу ынки, ӈанко гаг'алаёлэн ыннэн
  таньӈычгын
Амин яво ынӈин элэнэӄу гэкмилин, гэмэлӄитылин,
  гамаллымляв'лэн ну там
… и поводык гэттулин в след.
А ӈанэнав' амтыткын половина больше гэвиг'ыткулин от поноса.
Пэнэлӄут подтвердил это в конце.
30 Ынан тывынэн: «Таньӈо – то ли вояки, то чукчи».
Вот ыно-ӄун гапэннилэнав' ӈан ямкын, ымыльг'о,
ятан двое остались бабка там, внук.
Вот, вдвоём остались. Это бабка была права,
ыно-г'ат наёг'ылаткын.
35 А ӈано шаман гивыл: «Ӄытыма микынак ынёг'ыламык».

«A shaman did not believe in the raid by the Chukchi»
(continued)

It made it to the pit. There it fell down and died.
They went to the pit.
20 They began to scream and sob.
They noticed that the whole nomad camp was ruined.
They drove the herd over there.
There they found carcasses that they had slaughtered in spring.
The old woman came to the pit.
25 They found (human) excrement on the ground. These were from Chukchi.
They took this frozen excrement, broke it into pieces,
and scattered it over the track.
Obviously, most of the camp had perished of diarrhea.
Penelkut confirmed
30 that it was those ruffians, those Chukchi.
Then they attacked the nomad camp and killed all of them;
only two were left – the grandmother and her grandson.
Then, the two of them, they stayed there.
She had said that they would raid.
35 But the shaman had lied, saying that nobody would raid.

Добрался до ямы. Там он упал и сдох.
Они туда подошли, туда пришли.
20 Начали кричать и рыдать.
Они увидели, что всё стойбище уничтожено.
Табун угнали вон туда.
Там же они увидели туши, забитые на весну.
К яме подошла старушка.
25 Они же нашли и кал. Это один из чукчей.
Они взяли это замёрзшее кал, размельчили
и раскидали по следу.
Видать, большинство из стойбища погибли от поноса.
Пэнэлҡут подтвердил это.
30 Это были то ли вояки, то ли чукчи».
Вот они напали на стойбище, всех уничтожили,
только двое остались: бабка там, внук.
Вот, вдвоём остались. Это бабка была права,
говоря, что нападут.
35 А шаман врал, что никто не нападёт.

«Шаман не верил в нападение чукчей»
(продолжение)

🎬 KLC362 ‖ 40 › 32:21

Панаврал шаман, а бабка правда.
Она сбежала со своим внуком, и спаслись они.
Остальные все там.
Табун отняли и угнали.
40 Это рассказ народный…

«A shaman did not believe in the raid by the Chukchi»
(continued)

The shaman had deceived them. The grandmother was right.
She ran away with her grandson, and they saved themselves.
All the rest stayed there.
They took the herd and drove it away.
40 This is, as they say, a folktale.

Обманул шаман. Бабка-то была права:
Она сбежала со своим внуком, и спаслись они.
Остальные все там.
Табун отняли и угнали.
40 Это, говорят, народный рассказ.

Yaganov,
Zakhar Stepanovich

Lesnaya, 16.10.2001

**Яганов,
Захар Степанович**

«Праздник байдары»
З. С. Яганов, с. Лесная, 16.10.2001

🎬 KLC363 ‖ 1›00:01 ‖ 5›00:46

1 Ынңинэв' г'ан янот г'ытвыткынэв' ынңэну когда унг'алу в'аю
ынңан Ололо.
Яңта ынңин г'ытвув'и г'ытвынняҟу ынняҟ ҟорың.
Янта наңвоткынат йытатылавык, потому что ынңина,
когда натэйкыткын янот ныкэв'и г'ытвув'и г'ат нантакр
на нанив'лэвыткын.
Ынңинэ вутык рарак нэтэйкыткын ыньңи нэнивыткын
нэвсыткыткын тав'в'авык ынңин нэныкыткын ынпыңэвэ
наңвоткын ныкэ найпыткын наңвоткынэв' ынңи тинмңэчовык
маңкыт.
5 Раньше он … нав'янватыткын мэчг'аң ңайнырңын.
Г'опта ынңин то ын лыг'утэнэ инэнигырңитын янотынав' только
янотыг'эв' инэнигырңэтын.
Охотники, чтоб нымральг'а ныг'итылҟыинэв' в'ан,
то ынңин эчеҟмэл ныкэв'и, г'ытву ачанвыргатка, чтоб ныгомырга
ныкэв'и нитын.

«The feast of the baidars (skin boats)»

Z. S. Yaganov, Lesnaya, 16.10.2001

1   The feast of the *baidars* is held in a similar way to the feast *Ololo*.
    Except that boats play the principal role (here).
    Therefore it is a separate feast that is devoted to them. During the feast
      of the *baidars* everyone tries to make their own longer.
    In the house, where they had made the boat, the owner – before she went
      down to the water – put the front part (of the boat) to her head and
      started to whisper prayers with the plea for good luck.
5   She asks for good weather.
    The sacred grass *lauten* is tied to the front part.
    She asks for good luck for the hunters,
    that the boat will be in good shape and that the hunters will be warm.

---

1   Праздник байдары проводится подобно празднику Ололо.
    Только на первый план выступают лодки.
    Поэтому получается отдельный праздник, посвящённый им. На
      праздник байдары каждый старается сделать свою подлиннее.
    В том доме, где делали лодку, хозяйка перед её спуском на воду,
      надевает переднюю часть на голову и начинает шептать
      заклинания с просьбой об удачах.
5   Она просит о хорошей погоде.
    В передней части прикрепляется священная трава-лаутэн.
    Просит об удаче охотникам,
    чтобы лодка была в порядке и охотникам тепла.

Yaganov,
Zakhar Stepanovich

Lesnaya, 31.10.2001

**Яганов,
Захар Степанович**

«Праздники, посвящённые животным»
З. С. Яганов, с. Лесная, 31.10.2001

🔊 KLC363 ‖ 1 › 1:15 ‖ 5 › 1:32 ‖ 10 › 2:09 ‖ 15 › 2:40

1 Яӈта тытатылаткын кэйӈув'в'ы.
  Кэйӈув'в'ы, кытэпав' яӈта.
  Унг'алу ынӈин в'ай в'ай йын нантатыллавыткын унг'алу.
  А кэйӈув'в'ы под, по … в декабре можно наӄам,
5 в ноябре в середине, где-то, кэйӈув'в'ы.
  Не поздно наӈвоткын тытатыллыткын, не то что в'ай
  ыннэнвытгырык, только г'э г'ав'тыка. Г'амъяӈта ыньӈин
  сатырг'ын.
  Унг'алу в'ай ыӈвонав' г'опта татыллытюк.
  Кытэпав' поздно, в декабре самый, лишь бы Новый год не
  перескочить. Декабрык ынныкӄал.
  Кытэпав'э ынки, наӈвоткын кэйӈув'в'ы.
10 Унг'алу вутвальг'ыт, татыл.
  Г'опта янта ынкыеп мынтатылыткын а в'ын в'ай ынӈин.
  По-новому (смеётся). Ыннану.
  Амин лыгитван кинуӈу г'опта нэтэйкылӄивын, сам-то этэйкыкэ.
  Кайӈыгилик ӈывой игыньӈын ники унг'алтилӄив' нэтэйкылӄивыӈ
  нантилӄивын.
  Нилгылив' в'а! Кытэпачг'ув'и, ӄораачг'ув'и.
15 Г'ат игыньӈинив' илгылиӈ нэтэйкылӄивын тилӄув'и.

66

«Feasts that are devoted to animals»

Z. S. Yaganov, Lesnaya, 31.10.2001

1 The bear feast was held separately.
Separately for the bear and for the snow sheep.
The feast for the seals is being held right now.
The bear feast can take place in December,
5 or, in order not to be late, also in the middle of November.
We hold these feasts separately, not together.
The seal feast is being held now.
The feast that is devoted to the snow sheep is held in December
until New Year's.
At that time they begin to hold the feasts that are devoted
to the snow sheep and to the bear.
10 And also the seal feast.
They hold it separately. But now, (they do so) how it happens.
When there is game.
They are hunting for bear and also for seal.
The white fat from bear or reindeer makes light *tolkusha* (mash).
15 This *tolkusha* is prepared.

---

1 Отдельно отмечали праздник медведя.
Медведю, барану отдельно.
Праздник нерпы отмечают и сейчас.
Праздник медведя можно в декабре,
5 не поздно будет даже в середине ноября.
Проводят праздники по отдельности, а не совместно.
Праздник нерпы сейчас стали отмечать.
Праздник, посвящённый барану, проводится в декабре
до Нового года.
В это же время начинают проводит праздники, посвящённые
барану и медведю.
10 И праздник нерпы тоже.
Тоже отдельно отмечали его. А сейчас как получится.
Когда имеется туша животного.
Охотятся на медведя, и на нерпу тоже.
С белым жиром медвежьи и оленьи туши, поэтому получаются
светлые толкуши.
15 Такая толкуша заготовляется.

«Праздники, посвящённые животным»
(продолжение)

Тынга яӄ нычача, нымичгʼа!
Кинуӈву намалталаткын лыгит.
Видишь, нымичгʼаӈ нэтэйкыткын.
Мэчгʼа наӈвоткынат пыса талалгʼатык ынӈинэвʼ кытэповʼ, кэйӈувʼи.
20 Гʼат, сколько раз тыникын, иы! Табунык ӈыволат татылык, вот,
 ынпыӄлаволо, дедушкавʼ а-а!
Ӄонпыӈ тылэльгʼатылӄэвык.
А чачем нэм ынык гʼылпу татылӄалаткын тимошковʼ?
 Ынкыт тит чтоб ныникын турыкыӈ татылӄыӈык ынки.
Мэтгʼаӈ наӈвоткын тытатылыткок.
Ага, гʼопта наӈвоткын кэйӈувʼи тыта ныкык тэнэнтэвык.
25 Кытэпавʼ вот, кытэпавʼя забыл манкыт итыньӈын кытэпавʼ.
Гʼопта наӈвоткынат тэнэнтэвык ынӈинивʼ, ага.
Кэйӈын ван тыявак боюсь сам.
Чамъяк ныникыткын гантулин. (Поёт.)
Ынкытыӈ гыткавʼу, ноктыкын. (Смеётся.)
30 Наӈвочгын мэчгʼаӈ тыӄолэявак
Мотив, мотив – то ынин нымичгʼаӄин!
Гантолэн эмэч ӄолэява, лапки валюй ӈын, вʼоткыӈ. (Смеётся.)

«Feasts that are devoted to animals»
(continued)

And it is tasty, marvellous!
The meat is well stirred.
You see how wonderfully it is done!
First, reindeer and snow sheep meat is chopped up.
20 How often I watched it, when the elders and the grandfathers in the
reindeer camp prepared for the feast.
It was always interesting to me.
And why they do so, and for what during the feast.
It was interesting when the feasts began.
It all began with being covered by a bear (fur).
25 Regarding the snow sheep, I forgot how.
Probably they also covered themselves under the (fur).
I am afraid of bear fur.
And (then) they go out.
With their extremities in this clumsy way,
30 and they sing their song.
Any melody, well!
They leave with songs, with clenched paws.

И вкусна, и прекрасна!
Мясо хорошо взбивается.
Видишь, как прекрасно сделано!
Сначала оленье и баранье мясо хорошо обстукивается.
20 Как много раз наблюдал, как в табуне старики, дедушки
готовились к празднику!
Всегда интересовался.
А зачем они это делают, для чего на празднике.
Интересно начинались праздники.
Все начинали снаряжаться под медведя.
25 Про баранов то я забыл как.
Наверное тоже переодевались под них.
Медвежью шкуру я побаиваюсь
и выходят.
Ноги вот так, косолапо
30 и подражать их пению.
Мотив-то хорошо!
Выходят с песней, лапками косолапят.

«Праздники, посвящённые животным»
(продолжение)

Хозяин в'а ага, хозяин ынно в'утку ныкын.
Кэйӈын куликул ӈывоткын явак.
35 Наӈвоткынат тымлаватык сас так.
Инэнвэлг'этык нэкмитыткын нэлг'у,
наӈвоткын тымлав'читык, ага.
Куллу ныкат, эгыч, ымкат.
Вачкэнак экмитыткын, вачкэнэнак воткэнэнак тымлалатык.
40 Пока нам вот тымлав'четык, ыни, илг'у, утгылг'ылу итык.
Так, ага, тыттэль нымичг'аг'ав' ноткэн ныкык.
Кто якачг'ам г'ат ныкалаткыт, г'опта мылав'челаткы' ынымылава,
то еккэчг'ам наныкаткын, уӈг'алу наӈвонав'тэкык.
Эчги г'ат аг'утгыка.

He (the bear) is the master (of the game).
The bear sings his melody.
35 He sings while he is hopping.
For this ritual of reconciliation, they all wear furs,
and they begin to dance.
And another,
and another starts to dance.
40 Then others dance and perform gently.
So joyfully they perform.
The same way they have fun during the seal feast.
It is done lightly.

Он же хозяин.
Медведь поёт свою песню.
35 Поёт, пританцовывая.
С ритуалом задабривания, все берут шкуры,
и начинают приплясывать.
И другой,
и следующий начинают приплясывать.
40 Пока другие пляшут легко подражают.
Так весело так подражать.
Также веселятся и на празднике нерпы.
Это легко.

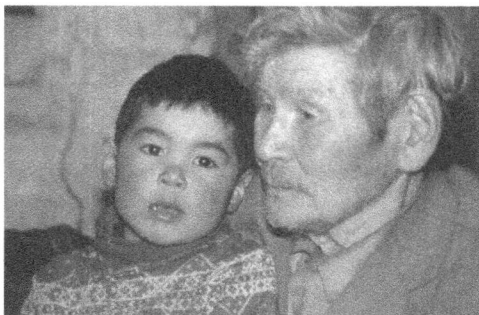

Belousova,
Varvara Kondrat'evna

Palana, 21.11.2001

Белоусова,
Варвара Кондратьевна

«Как Куйкынняку задобрил гостя»
В. К. Белоусова, п. Палана, 21.11.2001

KLC364 || 1 › 0:01 || 5 › 0:25 || 10 › 0:54 || 15 › 1:30

1   Куткынняӄу гивылӄив: «Амин мурув'и мыттатылӄэв'ла».
    Гаӈволэӈ татылык г'опта гаӈволэн ивык:
    «Туг'ук мурув' мыттаӈволаӈ эчгынг'ылок татылг'ылг'атык».
    Атти ынкыти гэникэлинэв' в'айын, гив'лин:
5   «Гаӈволэӈ татылык атти ын ынкыты».
    Чамъяӄ тумгу г'опта мэнкэмич итылг'у г'опта гумэкэлг'ылин.
    Тини – г'ат явачыӈ – г'ат гаӈволэн – г'ат и оутат ганатвылэн.
    И-э, ымэмэнин ӈывоткын в'аӄыт ильг'уткук, яярыткок.
    Пыкавылӄэвыт таярарарыткоӈкы.
10 Тини – к'а тук унмык, мэӈкыт ив'кэ ӄокэ ынныкын, ынв'аӄын.
    Иныг'ильг'уткун, ынярарарыткон.
    Гаӈвота ярарарыткок ынӈэ г'эв'тины эчеӄмэл нэчвитык.
    Атти ынкыт а ынӈуин гэнӈыта, где землянкак итылӄивык,
    а ынӈуин ныкэв'и в'а раракэнав' у нет доски эллай адоскака из
       жерди.
15 Игыньӈинив' землянкав'в'ыта.
    А ынки земледе ныкэ зе никык ынки гэрэлӄиви а ныйки:
    «Гэттивылӄиви таӄу ынӈуин нэтаӈ
    и таӄ ӄамэгырӈын етэйкылӄивынӈ, чамачам ынкы яёлӄэвэ
       ынӈэнынаӈ.

«How Kutkynnyaku received the guests graciously»

V. K. Belousova, Palana, 21.11.2001

1 Kutkynnyaku said that we are going to hold a feast.
  At the beginning of the feast he said,
  "Come on, from this day we will have a feast."
  And so he said,
5 "We begin the feast this way."
  And everyone went on to assemble their friends.
  They brought the (ritual) tree to the house by evening.
  An elder woman started to beat the drum.
  She could not play.
10 Something was wrong.
  The drum did not sound.
  She tried to play, but only unpleasant sounds came out.
  This happened in the semi-underground winterhouse,
  constructed not from boards, but from poles.
15 Such a semi-underground winterhouse it was.
  Someone entered there, who said,
  "Find out why it is this way.
  Prepare a dish from ribs and give it to him.

---

1 Куткынняку сказал, что мы будем праздновать.
  О начале праздника он говорил:
  «Давайте с этого дня праздновать».
  Он сказал так:
5 «Начинаем праздник сейчас вот так».
  И все стали друзья собираться.
  К вечеру занесли в дом дерево.
  Старшая начала играть в бубен.
  Не может играть.
10 Что-то мешает.
  Не звучит бубен.
  Пытается играть, но только получается неприятный звук.
  Это было в землянке,
  построенного не из досок, а из жердей.
15 Такая была землянка.
  Туда вошёл тот, который сказал:
  «Узнай, почему так.
  Приготовь блюдо из рёбер и отдай ему.

«Как Куйкынняку задобрил гостя»
(продолжение)

KLC364   ‖ 20 › 2:04 ‖ 25 › 2:37 ‖ 30 › 3:14

Атти ынно нымэйңэ напыкав'лат таярарарыткок ынңэнинан ынңин гэныкы гэел ганңйивылқив'лин.

20 И чиняқйык ын тыл гэттилин, чтобы тумгу мэчг'ан нэг'э нэнильгуткуткы.

Тини ынны пыкавылқэвыт, ақа мэңин ңывоткын ильг'уткук, эв'ын эррр».

Атти а ынңин ынкэгыңкы гэрэлқивыткын ныкэгың.

Игыт ама лылалңын только ныки қалңирңыткы один в один, г'аммыннат ил.

25 Чама эв'ын: «Қайңун Эмэмқутынэкынэк тынэлқылиң».

Атти оро очергирг'ын Эмэмқутык,

атти ян Эмэмқут яңвоң яярыткок, ильг'уткук.

Оро гив'лин Эмэмқутык: «То тақык гытти рэлқиви ынки. Уыннэ маңка энинэкэ қитги, в'ив'айи, ну...

Ақвыльтыкы итыткын ынки, маңка а ури итаткын».

30 Атти ынкын: «Хмы, чама нам эв'ын инэлгэлы Эмэмқутэ кайңын, гаурэлин ын?».

«Атти ток, атти в'айин рэмкылг'ын қынав'ыяллат, ынно в'уттин эн пыкав'латкын тильг'уткуңкы».

Мэңин ңыволыткы ильг'уткук, иңы актыка нильгуткун.

Атти, қынат таняв'ыйына эв'ут г'опта тынайтаткын тақув'и пыг'арав'атг'оло ынңин и нэникэткын нэнтивыниткын.

Эв'ын г'анко нуңилқивыткын: «Мэлькыт кытымы мыныкык, атти мэв'йикын».

«How Kutkynnyaku received the guests graciously»
(continued)

Let him eat well and send him away.
20 Put it in the corridor so that the friends can try it.
Why it did not work out, if somebody tried to play so that there only
   came out *errr*".
At this time he entered.
One of his eyes was hanging down,
he was one-eyed.
25 He wondered if Ememkut might recognize him.
If Ememkut (recognizes him),
he begins to beat the drum.
Then Ememkut said: "For what did you come here if you do not sit
   down on your seat?
And so close."
30 He thought to himself, "How did Ememkut recognize me?"
"Feed the guest, otherwise he cannot sing."
In general, who would not like to sing, might not sing.
We tried to feed him, but he also collects something dry, they fool him.
And then he thinks to himself, "I will eat nothing."

Пусть хорошо поест и отправь его.
20 Поставь его в коридоре, чтобы друзья могли отведать.
Почему-то не получалось, если кто пытался пробовать играть,
   выходило только *эррр*».
В это время он вошёл.
У него один глаз висел,
был он одноглазый.
25 Сам думает, меня признает Эмэмкут.
Если Эмэмкут (признает),
начнёт играть в бубен.
Тут Эмэмкут сказал: «Что ты сюда пришёл, что тебе на месте не
   сидится?
И так тут тесно».
30 Сам подумал: «Как узнал меня Эмэмкут?».
«Покормите гостя, а то он не может петь».
Вообще, кто бы не пожелал петь, не может спеть.
Мы пытались его покормить, но он тоже собирает что-то сухое,
   его хитрят.
А тот про себя думает: «Ничего не буду есть».

«Как Куйкынняку задобрил гостя»

(продолжение)

KLC364   ‖ 35 › 4:00 ‖ 40 › 4:22 ‖ 45 › 4:43 ‖ 50 › 5:19

35 Атти оравычг’ын: «Тилқытил вот қынугын?».
«Мэлькыт, кытымы мытилқут».
Атти аминьӈа гапкав’лэн оро ивык:
«Тақыӈ эгынтэв’кэ томықыӈ тэнанпачал’кэ.
Тини ныналомын кытаван».
40 «А тини ел Эмэмқутык г’ам лыгэявалэн ярарыткок?».
«Тини гыныкын ныг’итыткын».
Таӄ г’ал ымын г’опта тини нэтилын, г’опта анӄу ылӈыткы.
«Эллы гыммо этэев’ыеӈки».
«Алы тинга эв’ын ныг’итылқын гыныкын?».
45 Атти, гаӈволэн ивикын: «Гымыкыӈ ныг’итикын чам или чамачам».
Рёбры, рёбры что ли? И в’а ынныкин? Мыев’ ныки лэв’ту эллаткын.
Чамав’ нэпрыткын. Игыньӈын ныг’итытгын гымыкы чамачам.
Атти ынык – г’ат: «Ток, Мити, мэйи а гынаны ныкын кычавын
  эйив’тэйкын?».
Қэтыгын г’опта ынӈин қытилгылгын рамкылг’ыӈ,
50 қинэ ныникэвын нымичевын, а тит ныг’анқавын томгыӈ
  тэнанпачаткы.
Тэнмав’. Это Ололов’и наӈвот итык ынӈин наӈвоткын.

76

«How Kutkynniaku received the guests graciously»
(continued)

35 A young man asks him, "Would you like to have *tolkusha* (mash)?"
"No, I don't want it."
They became too tired to propose to him and asked,
"Why did he not go away to cause inconvenience to others?
If he does not listen to anybody."
40 "He also might not play the drum with Ememkut?"
"What would you like?"
Whatever they offered, he refused everything.
"I do not want to eat."
"What would you like?"
45 Suddenly he said, "I want ribs."
Ribs, ribs, where are they? Because there are (fish-) heads.
They take the ribs. I like ribs.
Then they shouted: "Mity, where is the sheaf of graylings that you tied
   together?
Bring them for the guest,
50 let us treat him, and he will not annoy other people."
And *Ololo* got on well.

---

35 Молодой ему предлагает: «Толкушу будешь?».
«Нет, не буду».
Устали ему предлагать, спросили:
«Почему не убежал, создал другим неудобства.
Он как-будто никого не слышит».
40 «Он тоже не может у Эмэмкута играть в бубен?».
«Чего тебе хочется?».
Что бы ни предлагали, от всего отказывается.
«Я есть не хочу».
«Что бы ты хотел?».
45 Вдруг он сказал: «Мне бы рёбер».
Рёбра, рёбра что ли? Где они? Потомучто головки есть.
Рёбра снимают. Мне нравятся рёбра.
Тут крикнули: «Миты, где связка харитошек, тобою связанных?».
Принеси их для гостя,
50 пусть угостят, и он не будет другим пакостить.
И Ололо пойдёт хорошо.

«Как Куйкынняку задобрил гостя»
(продолжение)

KLC364 ‖ 55 › 5:57 ‖ 60 › 6:43

Тыйивычг'атык натвылқын, чтоб нонэнпатчаткын ныг'итык.
Ынно девочкинаӈ когда ви нанатвытқын ӈыволат млавчитык и
ынно ын, чтобы ноӈынпачаткын тумгын ныг'ынтылқын.
Заранее наӈвоткын в'а нэтэйкыткын утром никынут ынно
нэннэткын гарӈынон.

55 Атти гарӈынок нэттилыткы наӈвон ивык, қайӈун тины
татыльг'ычейлыӈ тэетыӈ, эчеқ муру мыттатыльг'ычейлаӈ.
Тэнмавылг'ын.

Еқэ ынно ынно гавыг'айи нэникэткыт ныкэв', как его, выг'айин
нэтэйкык.

Ныкыны не выг'айи, а ну, как её, лаутэн, лаутэн нэтэйкыткын,
ныкын. В'а!

Эчеқмэл г'ытвыпиль. И ынкын ынӈин чамав'э наёткын. В'а.
Ынкын наёткын ти нэннэткын.

60 Ынно наӈвот ивык: «Қэйӈун гыт рэм рэмкылг'ыги тыетрамкичыӈ
қотатыльг'ычийыӈ.

Кытвы энанпачат итылқив', в'ай гыныкын ныкын чама чамэн
камэйыргын мыттэйгыт.

Тэнмо. Накытг'анын».

Просто нэники нэнивычг'атыткын.

«How Kutkynnyaku received the guests graciously»
(continued)

And everything was fine.
And for the young women who came to dance, the good mood was
    not spoiled.
In the morning they prepared a meal and put it outside the house.
55 There comes a bear, his meal was ready for him, it was a feast the
    same as it was for us.
It is especially prepared with grass.
Not just with grass, but with the sacred grass *lauten*.
From *lauten* a little boat is made, and ribs are laid there.
It is put there and carried away.
60 And he says, "Certainly the guest wants to celebrate.
Do not destroy anything, we have prepared you a meal from ribs.
We will not argue."
They simply agreed.

И всем будет хорошо.
И девочкам, которые идут танцевать, не будет портить настроение.
Утром приготовили блюдо, поставили на улице.
55 Придёт медведь, его блюдо готово, ему праздник и нам тоже.
Тем более он готовится с травой.
Не просто с травой, а со священной травой лаутэн.
Делается из лаутэна лодочка, туда кладётся ребро.
Кладётся и выносится.
60 И он говорит: «Наверное гость захочет праздновать.
Ничего не рушь, мы тебе приготовили блюдо из рёбер.
Мы не будем ругаться».
Просто договорились.

Nesterova,
Evdokiya Lukinichna

Lesnaya, 17.06.2005

Нестерова, Евдокия Лукинична

«Легенда о празднующих животных на Ололо»
Е. Л. Нестерова, с. Лесная, 17.06.2005

KLC364 ‖ 1 › 7:10 ‖ 5 › 7:29 ‖ 10 › 7:55 ‖ 15 › 8:22

1 Шишишг'ын вуйын гэкъев'лин, гачаёлэн, гив'лин:
«Ляки, м'охотатык, мохотатык, в'а.
Қык, қылқытги, қохотатг'и!».
Явач гарайтэлэн
5 «Ляки, тынмын гымнан гырнык – мыакык.»
Мыакык, мыакык, ага.
Это моль, ы-ы.
Она убила ныкын моль, г'анмыл.
Ток, тақу мытэйкын, мэткэ гилңу или ныкэнэ яяңа нэлг'ын ага.
10 Г'ынин в'эн ын тақу … қытайкы.
Гаймат, мынг'ытэлуткыник или ынкыт в'а.
Ынан гэкмилэн и ганыпг'ав'лэн, нэлгу г'этэйкылин.
Гапг'аллэн и яяр гэтэйкылин.
Орав осенью гаңволэн: «Ток, Лякэ, мынтатыллытко».
15 Аг'а, и ыно қун мынг'айңавын ныкэвы, қун нэрэннэв' татылычг'о.
Ынан гэг'эйнэв'лин: қатэр, татоэльг'а и имйиқчук, а-а.
А веч … айгывэньңэ гаңволэн ныкэк: ток г'ат, илуэл мыннатвын.

80

«Tale of the feasting animals at Ololo»
E. L. Nesterova, Lesnaya, 17.06.2005

1 Shishish'yn woke up, had tea and said,
  "Lyaki, I'm going hunting."
  "Yes, go hunting."
  In the evening he returned.
5 "Lyaki, I killed animals – a moth."
  Moth, moth.
  That is a moth.
  She [He] killed a moth.
  "Now, what do I have to do? Probably, a thong or fur for the drum."
10 "It is up to you, whatever you like, do it."
  "Perhaps, let us have a feast and all this."
  He took a fur to dry and worked it up.
  After the fur had dried he made a drum.
  Then fall came. "Well, Lyake, let us hold a feast."
15 You have to summon them … for the feast.
  He summoned wolverine, fox and ermine.
  In the evening he said again, "Come on, let's bring our riches."

---

1 Шишишьын этот проснулся, почаевал, сказал:
  «Ляки, пойду на охоту!».
  «Да, иди на охоту!».
  К вечеру вернулся.
5 «Ляки, убил я зверя – моль».
  Моль, моль.
  Это моль, ы-ы.
  Она убила моль.
  «Ну что мне сделать? Может, ремень или шкуру для бубна?».
10 «Это твоё дело, что хочешь, то и делай.
  Может, сделаем праздник и всё тут».
  Он взял и высушил, сделал шкуру.
  Высохла шкура и сделал бубен.
  А осенью начал: «Ну, Лякэ, сделаем праздник».
15 Надо позвать тех … на праздник.
  Он позвал росомаху, лису и горностая.
  Вечером заладил: давай богатство занесём.

«Легенда о празднующих животных на Ололо»

(продолжение)

Ганатвылэн и ын Шишишг'ын гив'лин: «Ток, Капэриӈэ,
    ҟытатыль…в'а, как же называется? ҟытатыльг'айӈай,
    ҟыын кыяярыткоы».
Ӈывой яярыткок ын Ҟапэриӈэ:
20 «Гыммэ тыюнэтытҟы» – (смеётся), «да, эмтулг'этэ тыюлг 'этытҟы,
    пока не сворую, – ничего не съем».
Ага, ынно эв' ҟоп только в'а, аҟан тумгинэв' в'а ныкэв' мэмив'
    тынпачаткын
и г'опта ын таҟув' гэнык в'а элэк гэтэйҟылин: тэв'г'алу аҟан таҟув',
    и все что там вот летом сделаны юколы хоть что.
Г'опта тэв'латкын тытив'латкын г'опта нотаӈ, тыӈвоткына туккы.
Ын ҟоляяваткын ынно, гым эмтулг'э тыюнэтык.
25 «То, тын тыплытҟук! Ток, татоэльг'а, гынтаҟ».
А вот я забыла, как татоэльг'а грэпылкэв' – я не могу вспомнить,
«И это, имчучиҟаль ыннэ, ток, имчичуҟальг' ын, г'ынтаҟ!».
Гаӈволэн тоже: «Гымнан мэмив' тынпачаткына,
в'а тыннэвыткын, гым тэл тырэлҟывыткына имлилэтэ,
30 а тыӈтотҡэ, тыӈвок ӈытоккы, квулылэтэ ӈытоккы».
Она же накушается
и, когда выходит, дырка же уже маленькая становится

82

«Tale of the feasting animals at Ololo»

(continued)

They brought it and Shishish'yn said, "Well, wolverine, sing a festive
song, play on the drum."
The wolverine began to beat the drum,
20 "I live, and so I steal. If I do not steal, I eat nothing."
Ah, she is always doing this, though at the expense of others, yes,
she spoils the fish drying racks (storehouses).
"Everything that gets into the net, that people make, I take everything,
yukola (dried fish), whatever.
I haul everything into the woods. And there I begin to eat."
So she sang about someone who lives from stealing.
25 "That's all, I'm finished! Well, fox, now it is your turn."
But I forgot how the fox sings – I cannot remember.
"Ermine, you ermine, now you!"
She also began, "I ruin the fish drying racks,
carry away. I approach that place with small eyes,
30 and go out with big ones."
She eats her fill,
and when she gets out, the hole is already small.

Занесли и Шишишъын сказал: «Ну, Росомаха, спой праздничную,
сыграй на бубне».
Начал в бубен бить Росомаха:
20 «Я живу, пока ворую. Не сворую, ничего не ем».
А-а, она так всегда делает, хоть чужое, да, эти юкольники
(хранилища) портит.
Всё, что в сети попадётся, что люди сделают, всё заберу: юколу,
хоть что.
Всё тяну, тащу в лес. Там начинаю есть.
Так она пела песню о том, что живёт, благодаря воровству.
25 «Всё я закончила! Ну, лиса, теперь ты».
А вот я забыла, как лиса поёт – я не могу вспомнить.
«Горностай, ты Горностай, теперь ты!».
Начала тоже: «Я юкольники порчу,
выношу. Я туда захожу с маленькими глазками,
30 а выхожу с большими».
Она же накушается
и, когда выходит, дырка же уже маленькая становится

«Легенда о празднующих животных на Ололо»
(продолжение)

KLC364 ‖ 35 › 11:03 ‖ 40 › 11:40

и глаза у неё вот так показывает выходит квулылэлгʼын.

Ынно ивыткын: гым тырэлӄивык имлилэт, а тыӈтоткын квулылэт.

35 Ток, Ляки, гынтаӄ ӄыта ӄыникы ӄолёлёткын вʼа, кытыл энэннюкэ ӈоен, гʼамкатгон гэныннивʼлин.

Гаӈвол яярыткок ын Ляки – сын.

«Чама гымнин ӄлыктумгын гырнык ганмылэн, мыакы!».

Кэтгулгʼыныҟ ганмылэн мыакык.

А потом гантыгэвалэн, что он, гэ вʼэ, чтоб не говорила, что он слабый.

40 Ынӈык мужчинанак чама ганмылын мыакык.

Шишишгʼын гачыӈталин унмык,

гʼопта гэннэлын и чакыгэт, и гости, гʼоп татыльгʼыё, всех выгнал (смех),

Ололо, мэӈи етти Ололо!

Всех прогнал.

«Tale of the feasting animals at Ololo»

(continued)

and her eyes come out bigger.
She says, "I get there with small eyes, and go out with big ones."
35 Come on, Lyaki, now it is up to you to sing. Yes, do not sing gently,
    but with a strong voice.
And Liaki, the son, began to beat the drum.
"Really, my brother has killed an animal – a moth!"
He killed a moth with strength.
But then she forgot that one must not say that he is weak.
40 How can a man kill a moth.
Shishish'yn was enraged,
chased everyone away: his sister, the guests, all who were feasting
    he chased away,
those who had come to the *Ololo* feast!
He drove them all away.

и глаза у неё выходят большие.
Она говорит: «Я туда захожу с маленькими глазами, а выхожу
    с большими».
35 «Давай, Ляки, теперь ты пой. Да, не пой слабо, а сильным голосом».
Начал в бубен бить Ляки – сын.
«Неужели мой брат зверя убил – моль!».
Сильный убил моль.
А потом забыла, что не надо говорить, что он слабый.
40 Как мог мужчина убить моль.
Шишишьын рассердился сильно,
всех выгнал: и сестру, и гостей, всех празднуюших выгнал,
кто пришёл на Ололо!
Всех прогнал.

**Yaganov,
Gavril Illarionovich**

Lesnaya, 17.10.2001

**Яганов,
Гаврил Илларионович**

«Праздник Ололо»

Г. И. Яганов, с. Лесная, 17.10.2001

🔊 KLC365 ‖ 1 › 0:01 ‖ 5 › 0:30 ‖ 10 › 1:44

1 Ну, ӈанэнвэтгырык ын татыл например.
Кинкилык гым тымэйнэт, вутти га гамгарак ынӈин татыл ӈанвоткын тилик.
Қыти в'а просто олололқэлг'аткын, потом как его тилыткитқолқэвыткын тэлытл как жужжалку называют.
Ну, там по-настоящему нэтэйкыткын.
5 Ремни специальные наряжают летом из лахтака и нымэлг'эв' нэкинмытэтытқив'и.
И тыттэль ныг'умрыलаӈи нэтэйкыткын и нурак наӈвоткынав' тынопг'авык.
И ещё татав'и редко қа микг'а если летом или когда где-нибудь ныки пылқати итти, ну искупался.
И вот зимой, когда Ололо начинается, это ольхов нанатвыткын с корнями и одни ӈанэнқал, с улицы, другие внутрь наӈвуткын вытягивают, тыв'итылқивык.
Чтобы в следующий раз не было игыньӈын.
10 А унмык накнолг'ат г'опта ныкэв'и нутэлқу натвылқивыткын итти в'ай пылвынтыёчгын, если уттык есть место.

«The Ololo feast»

G. I. Yaganov, Lesnaya, 17.10.2001

1 At that time, they did it the real way.
I remember that in Kinkil', where I grew up, they held the feast in every
  house.
Some just shouted "Ololo" and then they pulled the *telytl* (ritual propeller).
Then they did it the real way.
5 During summer, they especially prepared the string from bearded seal,
  they soaked it well so that the fur came off.
They made them thick and well-dried.
They tried to live better, but, if in summer someone drowned,
then (next) winter, they would drag alder tree(s) with roots,
  one into the house, others to the outside.
So that a similar (incident) should not happen again.
10 They considered it wealth, if they also carried together with the tree a
bag to the available place.

---

1 В то время по-настоящему делали.
Я помню в Кинкиле, где я вырос, праздник проводили
  в каждом доме.
Некоторые просто кричали «Ололо» и потом тянули тэлытл
  (жужжалку).
Тогда по-настоящему делали её.
5 Ремни специально заготовляли летом из лахтака, хорошо
  замачивали, чтобы мех отстал.
Их делали толстыми и хорошо просушивали.
Старались лучше жить, но, если летом кто-либо тонул.
Тогда зимой тянули ольховое дерево с корнями, одни в дом,
  другие на улицу.
Чтобы подобного больше не случалось.
10 Считали за богатство, если вместе с деревом затаскивали
  и кошелёк при наличии места.

Popov,
Sergei Antonovich

Palana, 22.11.2001

Попов,
Сергей Антонович

«Тэлытл – ритуальная вертушка»
С. А. Попов, п. Палана, 22.11.2001

KLC365 ‖ 1 › 1:53 ‖ 5 › 2:34 ‖ 10 › 3:18 ‖ 15 › 3:56

1 Так, тэлытл да, янотыӈвын, пока ӈыволат чоччымавык
   илӈув'и, пока э нанчоччымавыткын, элӈоӄо натанмыӈычӄын э,
      или килылг'ин или, или моёны,
   что лахтажьи ныни хрупкие а, а мойичг'ы мягче.
   И, э мэчг'аӈ в'а ганыкыта гашгота, чтоб чистый был.
5 Вот как в'ай нык э гимӈыталин, нэнынмытэтыткын специально
      и хранят.
   А когда уже татыл чеймэвылӄыт, и ганатва ынӈын, ынпычг'у
      гэг'эйӈэвэ.
   Гыммо – то янот лыги тоже элӈыкэ, молодой был.
   Витку начал, хочется, познавать начал, мынкытг'ул тэйкык.
   Когда витку мытыӈво татылык, ну, ӈайматылг'а ыниви,
      что ынӈин татыл,
10 если Тэлытл тэй тэй тэй моргын мыттайкыткыт, ытгынан
      нэтэйкыткын да, то ынӈин переходит,
   если ынӈин виг'и, то этот вот праздник переходит.
   Микытгын Тэлытл нэтэйкылӄыт, через три года ын наӈвоткын
      тэйкык.
   Поэтому гым ынки тэня, тэнятаньг'ав' вот тыӈав'тыӈык,
      витку вот этот праздник
   проводил тщательно тыттэль, этот ым праздник тытэ тытэӈэтэв'.
15 Потом уже, когда праздник ӈывой итык, тыг'айӈавын Ларивон,
   Сергей Трофимович, ынпычг'у в'аю.

«The ritual propeller *telytl*»

S. A. Popov, Palana, 22.11.2001

1 First of all, they prepare everything for the *telytl*
   from seal or other sea mammal (skin).
   The skin of the bearded seal is more fragile than that from other sea
     mammals, they are softer.
   The hairs are taken from it.
5 So that one can easily remove the hair, they soak the fur.
   When the feast is getting closer, they bring the fur and invite elders.
   At that time, I did not know anything, I was young.
   I only just started to get interested in how everything was made.
   When the first ones began to hold the feast, my aunt said about the feast,
10 "If we make a *telytl* or others make it,
   and if somebody dies, then this feast passes (to someone else).
   The one who makes the *telytl* will do it only for three years."
   Therefore, when I got married, I prepared well for this feast
   and I held it carefully.
15 I invited Larivon to the feast,
   Sergei Trofimovich, the elder.

---

1 Вначале пока начинают готовить всё для тэлытл,
   из нерпичьего или другого морского зверя.
   Лахтачьи более хрупкие, чем из других животных, они – мягче.
   Хорошо освобождают от шерсти.
5 Чтобы легко вылезла шерсть, шкуру замачивают.
   Когда праздник приближается, заносят шкуру и приглашают
     старейшин.
   Я-то тогда ничего не знал, был молодой.
   Только начал интересоваться, познавать, как всё делается.
   Когда впервые стали сами проводить праздник, тёща сказала,
     что в этот праздник,
10 если делаем тэлытл или другие делают,
   и если тот умер, то этот праздник переходит.
   Кто делает тэлытл, будет его делать только через три года.
   Поэтому, кода я женился, я хорошо подготовился к этому
     празднику
   и проводил тщательно.
15 К празднику пригласил Ларивона,
   Сергея Трофимовича, старейшину.

«Тэлытл – ритуальная вертушка»

(продолжение)

🔊 KLC365 ‖ 20›4:29 ‖ 25›5:04 ‖ 30›5:35

Ларивон даже тэлытл чининэт тэйкылкы уттин, уттин на
тэйкынын

и это наныҟьяйпатын ынҥин, и это, где тэлытл, ынки в'ай
нэтиҥут, сколько там ремень.

В'ан панэнрак ын мытъёнатлан.

20 А в'итку- г'ат ҥэвг'анын ҥ ан вай аг'а нэникэткын тэлытыл
наҥвон тиҥук.

А гыммэ тыҥвоткын конпыҥ ныкэк тэлытэл ынҥин сторожить –
ремень,

чтоб мэкынэк нуҥичвэт ынтын бритвэтэ или в'алата.

Это тыттэль ынҥин (Антонина: г' аткэҥ) г'аткэҥу, поэтому это
следить всегда,

чтоб мын, если натынлыпг'ыт, еҟҟэчг'ам яҟ пускай там делят.

25 И нав'г'ан ҥывоткыт тилуткук, а е ҟуччаҟ ҥыволат аг'айҥалҟыткы,
даже Катерина Андреевна унмык ҟраҥтолҟывык.

Тэлытл тогда унмык ҥывоткын г'айҥак, а ын в это время
начинают падать,

даже ҥо ныкык унмык г'айҥэк, ай ҟанольгыг'айҥалкэлат.

И вот а, после этого уже, когда плытколат ҥэвг'ану,
еҟҟэчгам орачэкын.

30 Орачэкын еҟҟэчг'ам до утра могут тэлытл тиҥульг'атык,
пока энлыпг'аткэ.

Поэтому всю ночь гым ынкэтвык тылэйвылҟы, всю ночь до утра.

«The ritual propeller *telytl*»
(continued)

Larivon even had the *telytl* made by himself, from wood,
and pulled it through the door, that they pulled (it).
We lived in the old house then.
20 First the women pulled.
But I always looked after this *telytl*
so that someone would not cut it with a razor blade or a knife.
That would mean a bad omen, therefore I controlled it,
if they broke it, that was it.
25 When the wife begins to turn (the propeller), the other women begin
    to shout,
even Katerina Andreevna cried loudly.
As soon the *telytl* with the propeller sounds clearly, everyone begins
    to shout,
and to sob.
When the women had finished, the young guys began.
30 The young might pull the *telytl* until the morning, as long as it does not
    break.
Therefore I walked around there all night until morning.

Ларивон даже тэлытл сам сделал, деревянный
и натянул через дверь, чтобы тянуть.
Мы тогда жили в старом доме.
20 Вначале женщины тянут.
А я всегда сторожил этот тэлытл,
чтобы кто-нибудь не срезал его бритвой или ножом.
Это считалось плохим знаком, поэтому следил,
если разорвут, то пусть.
25 Когда жена начинает крутить, остальные женщины начинают
    голосить,
даже Катерина Андреевна сильно плакала.
Когда тэлытл с вертушкой сильно звучит, все начинают кричать,
    и даже падать
и сильно рыдать.
Когда заканчивают женщины, начинают молодые парни.
30 Молодые могут до утра тянуть тэлытл, пока не порвется.
Поэтому из-за этого я всю ночь хожу до самого утра.

«Тэлытл – ритуальная вертушка»
(продолжение)

KLC365 ‖ 35 › 5:59 ‖ 40 › 6:20 ‖ 45 › 6:48

А потом, мэкыннэт, эт все равно ныкэта, ныкэтэ бритвэтэ гэчвилэн.
Сказали Анисканак, он, все равно это через людей тылгилун.
35 И это, когда ын тэлытл ныκ нэнлыпг'ыткы,
Ныκ кытым, конечно, не смогут, пока эчвикэ, кытым эныӈлыпг'эткэ.
Но если, миӈки сотрётся – другое дело.
Это же готовится целый год,
чтобы был крепким, долго держался, чтоб никто не смог.
40 Яққачг'ам, если уже напка если напкавылқэвыткын,
а так если уже не смогли
в'ай тэнлыпг'аньыκ, да это ынпычг'а нэвыткын, в'ай можно ныкэκ
чвиккы тыльвэтэтэκ даже,
Если нэнлыпг'ат – другое дело нэнлыпг'ат.
Я ходил по этим людям, чтоб они друг другу не дрались и каждый,
где илӈын эчвиткэ, они там да ы по два – три человека и каждому
вот так, вот.
45 (Антонина:) Делили. В'ай тывэ тывэлатыколқэвын а ыннин
тывэлыткын,
А ынӈинэ раз и это ремень, этот г'опта чинынэч вутку в'ай увикик
тыкав'рав'нын и он забрал.
А қулинынак тоже иду, а қулинынак ыт'ы, кто сильней, тот это
илӈын забирает.
А потом это илӈын ыньӈын на в'ай уятэкын тақын тэйкык
наявалқын, тэйкык.

92

«The ritual propeller *telytl*»

(continued)

And finally someone with a razor blade cut it.
People said that Anaska did it.
35 And then the *telytl* broke.
It does not break unless one does not cut it with something sharp.
Another thing if it will be erased.
All year one prepares for this
so that it will be strong, last long, that nobody can (cut it).
40 Too bad, if they cannot tear it,
if the strap does not break, the elders decide to cut it.
If they tear it – that's another matter.
I went to this people so that they would not fight with each other,
and everyone,
where the strap was not cut, two, three people came together and a piece
was given to everyone.
45 (Antonina Popova) They shared it. There they stand and stand,
and they shared it.
At that time, many tied this strap around themselves.
The stronger (straps) they took away,
for the sled or whatever, where they were of use.

И всё же кто-то бритвой обрезал.
Сказали люди, что это Аниска сделал.
35 И тогда тэлытл лопнул.
Он не лопнет, пока не срежут острым.
Другое дело, если сотрётся.
Это же готовится целый год,
чтобы был крепким, долго держался, чтоб никто не смог.
40 Жалко, когда не могут оборвать,
если не лопнет ремень, старики разрешают разрезать.
Если порвут – другое дело.
Я ходил по этим людям, чтоб они друг другу не дрались и каждый,
где ремень не обрезан, там по два – три человека скапливалось
и каждому давался кусочек.
45 (Антонина) Делили. Вот стоят а стоят, то есть делили.
В тот раз это ремень многие обматывали вокруг себя.
Более сильные забирали,
кто для нарты, кто на что, то есть на свои нужды.

«Тэлытл – ритуальная вертушка»
(продолжение)

KLC365   ‖ 50 › 7:25 ‖ 55 › 8:01 ‖ 60 › 8:30

И вот так до утра так праздник идёт, и не чувствуется тайылқатын
эл.
50 И после этого, ҟун правда ы ққулэт ӈыволат яярытколат
и аӈаӈталатык и пля танцуют.
Когда унмык ӈывоткыӈ г'айӈэк да г'айӈэк, ын унмык ӈыволат
яярыткок.
Это вот праздник ын вот этот, хорошо запомнил,
После этого, когда ӈав'матылг'ын виг'и, мытынг'анқав'ла тэйкык.
(Антонина Попова) А я вспомнила родителей панэнатв'алқы,
55 когда тэлытл раньше если эл элыпг'ыткэ нэнтыткэ за ночь
нэныкэт,
на следующий день и так на третий день, пока сам тэлытл эл
элыпг'эткэ.
Празднуют, эту тянут до тех пор, пока он сам не порвется.
Это вот уже современные в 70-ые годы уже начали сами рвать.
А так раньше нет, пока чинин эл элг'ыплэт.
60 (Сергей Попов) ремень
(Александра Уркачан) ну и традиции
(Антонина Попова) Они праздновали по 2–3 дня, пока не порвут,
Это было очень интересно, не то что сейчас.

«The ritual propeller *telytl*»

(continued)

And in this way the feast goes on until morning, it does not feel like
    a dream.
50 Then they begin to play on the drum, to sing and to dance.
When the strap begins to sound loudly, they beat the drum louder.
That feast I remember well,
when my aunt died, my family stopped having this feast.
(Antonina Popova) I remember a narrative of my parents,
55 when the *telytl* could not break during the night,
they pulled it until the next day and also until the third day, it still did
    not break.
The feast is held so long as the strap does not break.
This was already like this in the 70s, when they started to cut it
    themselves.
But at that time it still would not break from tension.
60 (Sergei Popov) The strap,
(Aleksandra Urkachan) well, it was the tradition,
(Antonina Popova) they celebrated for 2–3 days, and still it did not break,
it was very interesting, not like today.

И вот так до утра праздник идёт, не чувствуется сна.
50 Затем начинают играть в бубен, петь и танцевать.
Когда сильно начинает гудеть ремень, громче бьют в бубен.
Тот праздник я хорошо запомнил,
Когда умерла тёща, моя семья перестала проводить этот праздник.
(Антонина Попова) Я вспомнила рассказ родителей,
55 когда тэлытл не могли разорвать за ночь,
тянули на следующий день и так на третий день, пока не порвется.
Праздник продолжался до тех пор, пока (ремень) не порвётся.
Это вот уже в современные 70-ые годы уже начали срезать.
А в ту пору, пока не лопнет от натяжения.
60 (Сергей Попов) ремень
(Александра Уркачан) ну и традиции
(Антонина Попова) Они праздновали по 2–3 дня, пока не порвут,
Это было очень интересно, не то что сейчас.

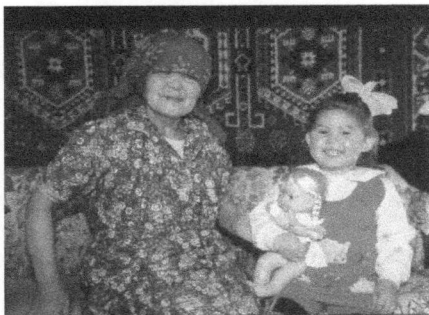

Nesterova,
Evdokiya Lukinichna

Lesnaya, 09.10.2012

Нестерова,
Евдокия Лукинична

«Тэлытл»
Е. Л. Нестерова, с. Лесная, 09.10.2012

KLC365 || 1› 8:46 || 5› 9:16 || 10› 9:38 || 15› 10:07

1 Вот, гымна, гымнин ыннив' Яганов Трофим Спиридонович,
гымыкыллаг'ын қлыктымгын…
и вот нэн нэтэйкын тэлытл. Ага.
Такой, яқныг'айңақ тэлытл ив' ныкытэ,
5 гыйынг'а нэникын.
Таңвоң кав'рак ычак нымисг'ав кружкав'иычгын!
И вот последний раз нэтэйкын,
ещё школак тытэгыючев'ңык.
Раралг'а наңвон ныкык тиңулг'атык.
10 Напкавын тэ тэ тэңикэк тэңопг'авык.
Ңэлңын тыттэль нымичгаг'ав', мичг'аң гэтэкылин.
Гантыңвалин, тили тили, чтоб тэлытл нэнг'ы тэкык,
ңилңу тоже нантэңмавыткын тили тили талың.
И, ынңи энлыпг'авыткын нэнтын.
15 Наньгыйы наннайгывычг'ав' тиңулг'атык,
чамг'эв' эног'аткын.
И ңарңыноң нэннэн,
ымыч в'ала вотын, анпыг в'ала антыгэ рараң.

«Telytl»

E. L. Nesterova, Lesnaya, 09.10.2012

1   My uncle Yaganov Trofim Spiridonovich,
the brother of my mother…
Once he made a *telytl* (ritual propeller).
Yes, such a sounding one,
5   smeared with cranberries.
When you begin to swirl it, the red lines look like circles.
So he made it the last time,
when I was still going to school.
The ones at the house began to turn it (the propeller).
10 They could not break it (the strap) at all.
The straps were so good, they were solidly made.
They pulled the *telytl* so that it would break
and the straps were straigtened.
They could not break them.
15 But the propeller buzzed from stretching,
they stretched it as far as they could.
They carried it outside,
together with a knife, and then brought it inside the house.

---

1   Мой дядя Яганов Трофим Спиридонович,
брат моей матери…
Как-то сделал тэлытл.
Да, такой звонкий,
5   брусникою смазанный.
Начинаешь вертеть, такие круги выписывает!
В вот в последний раз сделал,
я тогда ещё в школе училась.
Домашние начали раскручивать.
10 Не могли никак разорвать.
Настолько ремни были хороши, добротно их сделали.
Натянули тэлытл, чтобы разорвать
и ремни выпрямили.
Не могут разорвать.
15 Зато вертушка зажужжала от натяжки,
до упора растягивали.
Вынесли на улицу,
вместе с ножом, затем занесли в дом.

«Тэлытл»

(продолжение)

KLC365   ‖ 20 › 10:26 ‖ 25 › 10:52 ‖ 30 › 11:31 ‖ 35 › 11:52

И мэтэв’ гыммо тэ школаӈ тылӄытык.
20 Мэтэв’ гэныкэлын лыгуман гаӈволэн тиӈулг’атык.
И гэ гэнлыпг’алын,
мэкынэк мэӈкыт ӈилӈын,
ӈаӈвоткын ныкак нэчвиткын ынык, в’ачӄэн.
Мэкынаӈ, сколько достанется ӈилӈын.
25 Только эвылыӄылатӄыӈ: «Г’ытг’ыӈ кытва эникыка».
В’а ... ныкыв’в’и ... как ына ... ивылӄивытӄы ына...
Ӈанэкэв’ ... эвэлӈыка, тит ынкыӈ ноӈъявата.
А-а, то ли г’ытг’ув’и, чтоб нуӈтэпычкына ныг’итылӄынэв’.
Наверное, ынӈэнаӈ?
30 Г’ытг’ын таӄытгу. Ага.
Нэвириткинэв’
Тына этг’у? Тына?
И-и, гымнин ынныв’ ӄулиныкэ эл тэйкык нэнтын этг’у.
Уйӈэ этг’у эл.
35 Просто, наверное, оечватылӄэвыкынаӈ нэтэкыткын.

98

«Telytl»

(continued)

Next morning I went to school.
20 And the next day they again began to stretch.
And ... the strap broke.
From the side where the strap was broken off,
from that side they cut off a slice of the strap, with another.
  They also cut it off.
From that side where the strap was broken off to that one a piece
  was provided.
25 And they said, "By no means give it to a dog."
Therefore they said so.
They made bridles, so that they would not get (these pieces).
So that it would not serve as food for the dogs.
Probably (it was) so?
30 What dogs.
We protected them.
What else?
Yes, next year my uncle already won't be making a *telytl* any longer.
He did not make it any more.
35 Most likely they do it for entertainment.

Утром я пошла в школу.
20 И назавтра снова начали растягивать.
И ... лопнул ремень,
с чьей стороны разрывался ремень,
с той стороны срезали кусочек ремня, с другой. Тоже срезали.
С чьей стороны разрывался ремень, тому доставался кусочек.
25 Но говорили: «Ни в коем случае не отдавать собаке».
Зачем так говорили.
(Из них делали алыки), чтобы им не доставалось.
Чтобы собакам не готовить пищу.
Наверное, так?
30 Какие собаки.
Защищали их.
Что ещё? Что?
Да, мой дядя уже на следующий год уже не делал тэлытл.
Больше не делал.
35 Скорее всего, делают для развлечения.

«Тэлытл – изготовление и применение»
с. Лесная, п. Оссора 2000–2002

KLC365 ‖ 1 › 13:29 ‖ 2 › 13:33 ‖ 3 › 13:50 ‖ 4 › 13:59 ‖ 5 › 14:16

Яганов, Сергей Трофимович (с. Лесная, 11.10.2000)

1   Равновесие в'а бил амг'алңыл.
2   А то наңвоткын ныкэк, наңвоткын тин тиңук то ыннанӄал
    ңывот ныкэк...

Яганов, Михайл Григорьевич (с. Лесная, 05.11.2001)

3   Когда ныкэну тытылӄы аччы пацаном тылаг'улӄивылӄы
    тэлыткулг'у.
4   Ай-йя-я! Наңвот тыг'айңатырылг'атык мэңкимыч
    нэнвытылг'атэткын.

Роковав, Лидия Алексеевна; Котовинина, Татьяна Василевна (п. Оссора, 30.11.2002)

5   Тэлытл – применение во время хололо в п.Оссора.

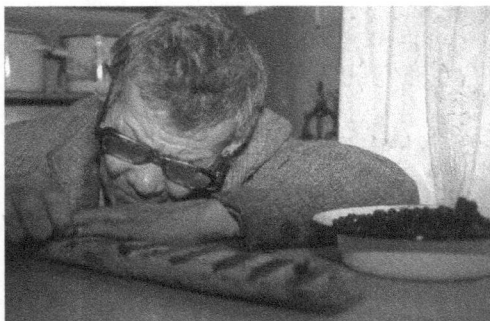

«The making and the use of the ritual propeller *telytl*»
Lesnaya and Ossora, 2000–2002

Yaganov, Sergei Trofimovich (Lesnaya, 11.10.2000)

1 It is necessary to achieve balance from both sides.
2 When one starts to pull it, it begins to vibrate.

Yaganov, Mikhail Grigor'evich (Lesnaya, 05.11.2001)

3 When I was still a boy, I went to look for fun with the *telytl*.
4 Ah, how it began to buzz loudly when they pulled it.

Rokovav, Lidiya Alekseevna und Kotovinina, Tat'yana Vasilevna (Ossora, 30.11.2002)

5 Performing with a *telytl* during the *Khololo* feast in Ossora.

Яганов, Сергей Трофимович (с. Лесная, 11.10.2000)

1 Надо добиться равновесия с двух сторон.
2 Когда начинает тянуть, начинает вибрировать…

Яганов, Михайл Григорьевич (с. Лесная, 05.11.2001)

3 Когда я был еще пацаном, ходил смотреть на развлекающихся тэлытл.
4 Ай-йя-я! Как начинал громко жужжать, когда они тянули.

Роковав, Лидия Алексеевна; Котовинина, Татьяна Василевна (п. Оссора, 30.11.2002)

5 Тэлытл – применение во время хололо в п. Оссора.

101

Yaganova,
Ekaterina Grigor'evna

Lesnaya, 13.08.2002

Яганова, Екатерина Григорьевна

«Священная трава Лаутэн»
Е. Г. Яганова, с. Лесная, 13.08.2002

KLC365 || 1 › 14:57 || 5 › 15:20

1 В'утин лыг'утыны тыҥалаткы ныкык емылҟык.
Или просто в'ай шкуры в'ай ҥаны в'утины напрылҟивыткына
в'утин г'опта нэмэлыткын,
эв'и, тит эв'ы в'утинэ нэпрылҟивыткыны в'утинэ нэчи нэныкы
5 нэмэльныкыткыны, нэчистыткыны г'опта.
И в'утинэ ынкыт в'а нэныкыткын натг'авыткыни поп в'ай
поп ныка.
Мэтг'агынонгыпыҥ и ещё в'утину,
чтоб мэльгытанҥлаҥ ныг'итыкынэв' лыг'утынэв'
и ҟиньвас аму таккинав', в'ай ынкыт.

102

«The sacred grass *lauten*»

E. G. Yaganova, Lesnaya, 13.08.2002

1   This grass grows in the swamps.
The peel is removed from it
in a careful way
so that it becomes smooth,
5   clean.
Then we divide it in parts.
Then in half again
so that the grass gets fluffy.
Like this, in this way.

---

1   Эта трава растёт на болоте.
С неё сдирается кожура
тщательным образом,
чтобы гладенькая стала,
5   дочиста.
Затем делим на части.
Потом ещё раз пополам,
чтобы пушистой была трава.
Вот таким образом.

Yaganova,
Evdokiya Georgievna

Lesnaya, 08.10.2012

Яганова,
Евдокия Георгиевна

«Пособ заготовки священной травы»
Е. Г. Яганова, с. Лесная, 08.10.2012

KLC365 ‖ 1› 15:57 ‖ 5› 16:27 ‖ 10› 17:29 ‖ 15› 18:26

1 В'уттинэ эрыӈӄэл мытыпрыткын, эрыӈӄэл.
Ӈанкакэн тыттэль нымичг'алэн эв' ӄоп нылилтил, нылилтил.
Эв'ыт, когда Ололототкын в'уттин так, тонко в'алю ват нанитылаткын
5 чтоб г'оптаӄлаӈ нык Ололоӈ вот в'ан иг'ыньӈин ынӈин в'а
иг'ынӈин нэк чтобы нэнӈылунын, таӄув'.
Уттув' нанатвыткын, ынкы в'уттэгыӈкы.
На Ололо вся деревня в'ильг'атылӄивыткын, чтоб г'опталӄыл
г'опталӄыл нэнг'ыны.
Аккуратно так, аккуратно наӈвоткына ныткыт,
ток нигтыг'а-а, нигтыг'а-а ныг'итылӄы.
10 Ынкыеп анюг'унак в'ут гаӈволэн явак лаг'утэн ныкэн Ололок.
Ӄын в'а мэӈкыт гынтав'лат охотников.
Айг'овэ Лешканаӈ пыче: «ӄэкмитгын лаг'утэнэ в'эт тэгынтэвыӈ
нэкаӈ, на хребты».
И он меня спрашивает: «В'ут мынылгытын что ли ныкэк,
гыргул?».
Гым тывыткын: «Ӄынилгытгын или, утром ынкыеп туйи тоелатык,
15 в'ан ынкыт ӄынтыгын.
Чего-нибудь туда ӄыёгын и мегакы, тит мэчг'аӈ
ныг'ыохоталаӈтык».
Аӄан ӄонпыӈ охототлаткын эв'ун гымнан лаг'утэн тыёгын.

104

«Ways of preparing the sacred grass *lauten*»

E. G. Yaganova, Lesnaya, 08.10.2012

1 This here we have collected over there.
    There they are very beautiful.
    They use them for the feast *Ololo*, but only thin ones.
    They make them thin
5 so that there are enough for everyone.
    When they bring the tree, they tie them there.
    The whole village comes to the *Ololo* feast, therefore everyone
      must have it.
    Accurately, accurately they begin,
    so that they will be thin.
10 Earlier, in the beginning, children brought this grass to the *Ololo* feast.
    For example, to where the hunters go away.
    So I suggested to Leshka (her grandson), "Take this grass to the
      mountain."
    And he asked me, "Do they have to be brought up to the top?"
    I said, "Lift it when you start the fire in the morning.
15 That's how you make it.
    Put something there so that the hunt will be successful."
    I always give my son this grass.

---

1 Вот это на той стороне собрали.
    Там они очень красивые.
    Их используют на празднике Ололо, только тонкие.
    Их делают тонкими
5 чтоб каждому хватило.
    Когда дерево заносят, туда развешивают.
    На Ололо же всё село приходит, поэтому у каждого должно быть.
    Аккуратно, аккуратно начинают,
    чтобы тонко, тонко было.
10 Давно дети начала носили эту траву на Ололо.
    Например, вот куда уходят охотники.
    Как-то Лёшке предложила: «Возьми эту траву туда на хребты».
    А он меня спрашивает: «Эти поднять и наверх что ли?».
    Я сказала: «Подними, когда утром разведёта костёр,
15 так и сделай.
    Что-нибудь туда положи, чтоб удачной была охота».
    Всегда сыну кладу эту траву.

«Пособ заготовки священной травы»
(продолжение)

KLC365   ‖ 20 › 19:37 ‖ 25 › 20:45 ‖ 30 › 21:32

А потом нэныкэткын в'а, ынӄыт нэнтыткын, ынкыт.
В'уттинэ августык нэпрылӄэвыткын.
20 Ӄунэм мур Наташка эт эрыӈ мытгынтэвыткы,
паӈолӄэвыт, а там эв'ыт лэлэлтылат, где уттув'и, ын тыӈалат
     такие нымэйӈылан.
А в'оттэнӄалкэн никмылыӈ, г'ам ӈанэнӄалкэн ӈив'лыӄин.
Вот Ололокиныk г'оптаквот наӈвоткын унг'алук,
а потом ынтав'ут унг'алу нэныкэткын в'айи ныкэв'ы, таӄ г'ал ӄа.
25 Вот этим нэпрыткын унг'алу мэкил, вуттинэт унг'алу эл эӄылтыкэ.
Тэнма ныкэтэ, нунункинэв' в'а ныпрытӄылӄивын эчаӄ в'аив',
     наныпг'авыткын.
А потом Ололок тоже нэчвиткуткын мэлыӈ.
Ная найявалӄивыт, ну вот унг'алу ынӈинэт нэнэв'в'эвыткын ныкэт,
А в'уттин ятан нэнылгытылӄы дерево то тыплыткук.
30 Но они снимают этим в'ай мытыпрылӄивытӄын,
     чтоб ихние ныкэв'. ныг'итылӄыныткын корни
Так лучше, а потом в'уттин мытыпрыткы,
и так сушим, мытӈыпг'авыткын хорошо.
Годами, годами в'уттин эллэ нэлӄывыт.
Эл тын мэӈкыт ыл кут ынкыт итылки зеленый, зеленый, зеленый.

«Ways of preparing the sacred grass *lauten*»
(continued)

He uses it if necessary.
We collect this grass in August.
20 When we went with Natasha (her daughter) over there,
it snowed slightly, dew was falling already, the trees were growing bigger.
Here they are low, over there higher.
During *Ololo* everyone eats seal (meat),
while the ritual practices are carried out.
25 They extend the seals with help of the grass, but do not fasten it.
Usually they take it with dried fireweed.
For *Ololo* they cut it finely.
They use it when sending it off with the seals.
And they tie this grass to the tree.
30 We collect it with the roots.
So it is easier to take,
and we dry it well.
For years and years it hangs there.
Nothing happens to it and it stays green.

Там он использует как надо.
Эту траву собирают в августе.
20 Как-то мы с Наташкой на ту сторону убежали,
порошило, а там уже роса спала, деревья растут большие.
Тут-то низенькие, а там высокие.
Вот на Ололо каждый ест нерпушку,
проводя с ним ритуальные действия.
25 Вытягивают нерпы с помощью травы, но не завязывая им.
Обычно высушенным кипреем снимают.
На Ололо их мелко режут.
Используют во время проводов нерпушки.
А эту траву развешивают на дерево.
30 Мы их собираем с корнями.
Так легче снимать,
сушим хорошо.
Годами, годами вот тут висит.
Ничего с ним не случается и остаётся зелёыым.

Belousova,
Matrona Georgievna

Lesnaya, 14.10.2000

Белоусова,
Матрона Георгиевна

«Как проводим Ололо»
М. Г. Белоусова, с. Лесная, 14.10.2000

KLC366 ‖ 1 › 0:01 ‖ 5 › 0:39 ‖ 10 › 1:15 ‖ 15 › 1:43

1 Татыл ытту ӈыволат татылык ныкы муру мыты мытыӈволат
инэнтыӈэвык.
Ныкэв', таӄу амин ваю мытыӈвоткын йыёччымавык.
То ыччу тавэг'ылаӈ, чинин г'эв' аг'утэк.
Валатвэньӈа мытэв'ла то мургинэ чининкинэ ныкэв' татыло
антыгэват унюнюта' нэнг'ынтикын.

5 Яӄыӈ валатвэн. Тына амич мур мыта мытаг'анӄав' унюнюта
нататылатки, тит в'эй. Тэльваӄ в'уттин мич ныкэй мичӄаву.
Ытту тины игыньӈынит ныникын нымичӄаву.
Ещё мур гэвэгырӈык мытыӈво татылык.
В'ача в'ут ыччаӈынак, в'ача ынинэлг'ык.
Микув' татылӄэвык, муру омакаӈ.

10 Эв'ыт гамгарак мытынвола чийитык.
Эчеӄмэл эв'ылӄивлат, рарав'э ынинкырвиту рэвыткын.
Ма мэ микув'и татылатки, ытгын чининкин рарав'
ынинкырвиту нэныткын.
Эчеӄмэл ынки вэтатылӄэвык.
Игыньӈын в'утинынинэлг'ык мыччавэтылӄивык, эчги вуттуку.

15 Ӄолиныӄ гаймат маӈэнв'ачӄэрак. Эчгэ мыкырӈыр мытыӈво
ыннэнвэтгырык вэтатык. Еӄӄэ титэ татылӄэвык гамрарак.
Ӄонпы эмчинин г'опта ӈыволай татылык, аӄан тины ныкэв' ныкэ
пичгув'и.

«How we hold the Ololo feast»

M. G. Belousova, Lesnaya, 14.10.2000

1 They decided to hold the feast and began to ask us,
  and we started to prepare.
  One must not wait until the elders have died.
  One has to inquire about everything, and they explain how our feasts
    are held.
5 When we are no longer around, the children themselves will hold them,
    and that is good.
  They try hard to make it beautiful.
  We hold the feast every year.
  Sometimes with younger relatives, sometimes with elders.
  We try to hold it together.
10 In each house we visit people who celebrate.
  There is free entry for all those who wish (to come).
  With whomever the feast is held, they are glad for all visitors.
  But this is a lot of work for the hosts.
  We try to help each other.
15 Because next year the feast will be with another family.
  Earlier, there was a time when everyone tried to hold the feast
    by themselves.

---

1 Они решили делать праздник, стали у нас спрашивать,
  И мы начинаем готовиться.
  Не надо ждать, когда старшие помрут.
  Надо всё спрашивать, а они объяснят, как проводятся наши
    праздники.
5 Вот нас не станет, дети сами будут проводить их, и это хорошо.
  Они стараются делать красиво.
  Мы каждый год проводим праздник.
  Иногда у младших родственников, иногда у старших.
  Стараемся проводить вместе.
10 Каждый дом празднующих посещаем.
  Для всех желающих вход свободный.
  У кого праздник, те всем гостям рады.
  Но это большая работа хозяев.
  Мы стараемся помогать друг другу.
15 Потомучто в следующий год праздник будет у в другой семье.
  Раньше было время, когда каждый старался сам провести праздник.

«Как проводим Ололо»
(продолжение)

KLC366 ‖ 20 › 2:21 ‖ 25 › 2:55 ‖ 30 › 3:35

Тэ тэӈинвилюм этылӄэвлат.
Чинин таӄу мыткэкмитыткын ӄэ ныкын.
Тумгыпиль г'ат мытнэв'ыелӄивын. Атав'ушта г'умвилу.
20 Мытыпкав'ла эмчинин ныкык.
Чамъяӄ ымпенсия, г'эмӄам. Ыгыньӈынык мыкырӈыр мытыӈвола
    ыннанӈыта татылык.
Ӄайлым, эв' амтыӈгэвэ мыттаӈвола тытӈэлӈок.
С понедельника в'утык мыттаӈвола татылык.
Ӈырorgano г'опта: Сергей Шмагинын, ынно охотник нэмг'ык,
25 Борис Алексей Спиридон Борисович и гымык ынпыӄлавол,
    Михаил Белоусов.
Мыел' таяллат тавэчасг'аллаӈ, манкыт мыттаӄыла.
Мургин ещё ныкы, мургин ынпыӈэв' чамъяӄ гынон Кысг'итык
    юнэтыткын.
Гаймат тэетыӈ. Мыргинэв' ынпычг'у чамъяӄ пыса ныг'аллай.
Мурык тэнанечочг'аво. Инмы ынан натангыёсасг'ав'ламык.
30 Тэетын, воткэ ретыӈ. Ыннан натаӈволаӈ дублёро. Тингу этг'у.
Митив' мыттаӈволаӈ йыйоччымавык.
Тарэ, олв'ыт надо эناталык, эналалык. Это тыттэль работа
    ныныкын.
Наӄам мурмурмурыт мыттаӈволаӈ ныкэ ынно ынпыӈэв'
    тэетын ана натангыёлав'ламык.
Антоновна Матрёна, в'а, то Мария Георгиевна и гыммы.

«How we hold the Ololo feast»

(continued)

They prepared the food by themselves. But everything was expensive.
We brought food with us.
We tried to help with the holding of the feast, because it was hard.
20 We could not hold it alone.
Everyone is already retired. Therefore we began to arrange it with
   each other.
It's good that we began to hold it collectively every year.
Now, the feast starts on Monday.
Three families: Sergei Shmagin – a skilled hunter,
25 Spiridon Borisovich and our family of Michail Borisovich.
They come together and arrange how they will hold it.
We also have an elderly grandmother who lives in Palana.
We hope that she also comes.
She instructs us. If she comes, we will be glad.
30 She will be our advisor, and has besides already taught us a lot.
Tomorrow we begin to prepare.
We have a lot to pound. This is very arduous.
So we begin to prepare. Our grandmother comes and tells us.
Yes, and Matrona Antonovna, Mariya Georgievna and I.

Сами заготавливали продукты. А всё было дорогое.
Мы приносили с собой продукты.
Старались помочь проводившему праздник, потомучто было тяжело.
20 Мы не смогли проводить самостоятельно по-одному.
Всё ж на пенсию. Поэтому стали договариваться друг с другом.
Хорошо что стали коллективно отмечать ежегодно.
Вот с этого понедельника начнётся праздник.
Три семьи: Сергея Шмагина-бывалый охотник,
25 Спиридон Борисович и наша семья Михаила Борисовича.
Они соберутся и договорятся, как будут проводить.
У нас ещё старшая бабушка, которая живёт в Палане.
Надеемся, что приедет. Пока что старики у нас есть.
Они нас учат. Приедет, будем рады.
30 Нашим консультантом будет, несмотря на то, что она нас уже учила.
Завтра начнём готовиться.
Надо много мять, толочь. Это очень тяжело.
Но мы начнём готовиться. Наша бабушка приедет и подскажет,
да, и Матрёна Антоновна, Мария Георгиевна и я.

🎬 KLC366 ‖ 35›4:24 ‖ 40›5:01 ‖ 45›5:50 ‖ 50›6:33

35 В основном тойытолг'о, мэӈин татыллыг'о. Амин мэку
   тараллаӈтык, эӈ уже по желанию, татэнантывав'лан.
   Нэӄын учитель мыттог'олаткын.
   Тэнма ынно ичмургын, тэнангыючечгэвын.
   Титэ вути ымыч вуттин надо полдень тыпгыпгэвык.
   Даже так титэ нититын.
40 Турмич тытантыватын татг'ылв'ыпыӈ пыгыпгэтык.
   Потом ныкиник ныкэв'и нунуныык ныкэвы нититын.
   Эчги тилӄын мыттанчоччымавӈын таӄув'и.
   Вуччин коровэн эчг'ын. Коровэн эчг'ын в'утты эчгытилӄын
   мыттытайкылан и иргытилӄын.
   Ымэммэ тит пэнинатвылӄиви ын ивылӄивы: «Мургин тата тыттэль
   нохота г'ам, амин тыттэль нымралькын охотатык».
45 Эллы тит ӄыче гыммо атав'ачвыкэ. Эллы ӄытимы ныкыткынын.
   Нур атвала витку таир – ӄа гэвэгырӈыӈ чинин мытыӈво
   тататыллаткын.
   Мэкынан энянтаньвечгавык. Оро чинин тэгыючевык.
   Мэкив' мынг'ыг'ыючавын.
   Ынӈэн уттыут короче с понедельника мыттаӈволаӈ татылык,
   ынӈин понедельникак турми натайтыӈын уттыут.
   Эв'ынчам э мэӈынинайк мепутатылг'а, эӈ мэӈининак тайтыӈын.
50 Тина – ӄай ыннаны ӄайунюню ӄэй в'уччин эллаткын,
   аӄан ытгынан нэтэпрыткын. Ататгыйину.
   Титив'ӈын. Ялла тэныкы.
   Аӄа Люба рарак итыткын, таӄу тытэныкын тытэнгыйивэтын.

«How we hold the Ololo feast»
(continued)

35 Principally, the youth visit the feast, and also others who wish to.
We expect the teacher.
She is the principal leader.
And there will be a half day of cooking.
Until it's all cooked.
40 You have to put it on in time, it will cook the whole day.
Then at night together with fireweed.
We will make white *tolkusha* (mash).
This is beef fat, from that we make white *tolkusha*.
Mama told (me) that my father hunted well.
45 It is true, I did not look for him, ever.
But not long ago we began to carry out the feast by ourselves.
Who prompts. We learnt it by ourselves. I can teach others.
Monday they bring this tree for the feast.
Whoever is delegated will organize and bring it.
50 Even a boy can simply find and bring the tree.
I only explain.
If Lyuba were at home, I would tell her.

---

35 В основном молодёжь посещает праздник, да ещё другие желающие.
Учителя мы ждём.
Она главный руководитель.
А вот это будет полдня варится.
Когда уж скипит.
40 Заранее надо поставить, будет целый день вариться,
затем ночь вместе с кипреем.
Мы будем готовить белую толкушу.
Вот говяжий жир, из него будем готовить белую толкушу.
Мама рассказывала, что папа хорошо охотится.
45 Правда я к ним не заглядывала, некогда.
А праздник мы стали сами недавно проводить.
Кто подскажет. Сама научилась. Могу других научить.
Это дерево в понедельник на праздник принесут.
Всё равно кто-нибудь, да тот же депутат организует и принесут.
50 Даже мальчик может запросто найти и принести это дерево.
Только скажу.
Была бы Люба дома, я ей подсказала бы.

«Как проводим Ололо»
(продолжение)

Эв'ынчам ыннынынны айгывэньңа. Нура мыттаңвоң ын тэв'иетык
айгывэньңа. Обычно у нас мургин в семь.

До семи, самый поздний в восемь. Наңвоткын татвык.

55 Нурэл ав'ыелэтык, тинга наңвон татвык. И уттыут, и кайңынэлгын.
Таңу натантатвын. Кытымэ тынопың ынңин аңа ивичңэ нэтэчыңын.
Турмит уңг'алу нэтэныв'в'эвылңивин.

Понедельник мыттататылңивык, вторникак турмит уңг'алу
нэтэныв'в'эвылңивин.

День кырвильг'аллайкэ, чтоб ңолэнкэнаң ымрайтылай ңорың.

60 Тит витку-г'ат мытыңвола татылг'атык – ныкычг'атылңэллай
мылав'читык.

«How we hold the Ololo feast»

(continued)

This is usually done in the evening. Or at seven (o'clock).
At the latest – at eight.
55 The tree is brought and the bear fur.
What is brought here will not be brought to the mountain.
They send off the seals with honor.
On Monday we are going to celebrate, on Tuesday we happily send off
   the seal.
That day they will be full of joy, will amuse themselves entirely so that
   they (the seals) will "return" next year.
60 When they start the feast, they dance all night.

Это делается обычно вечером. Или в семь.
Самое позднее – в восемь.
55 Заносится дерево и медвежья шкура.
Что заносится, на сопку не относится.
Нерпушек проводят достойно.
В понедельник отпразднуем, во вторник проводим нерпушек весело.
День полностью веселятся, чтобы на следующий год они
   «вернулись».
60 Только начали проводить праздник – всю ночь танцевали.

Nesterova,
Evdokiya Lukinichna

Lesnaya, 9.10.2012

Нестерова, Евдокия Лукинична

«О празднике Ололо»

Е. Л. Нестерова, с. Лесная, 9.10.2012

KLC366 || 1 › 8:13 || 5 › 8:39 || 10 › 9:05 || 15 › 9:26

1   Янотычго ынпычг'у ӈыволаткын ныкык ӄын, амтынгэвык
как ын советоваться, как морыккакысг'энаӈ.
Ивыткын: «Мэткэ ын мынг'ытакылан».
Ӈак таӄ таӄтатыл ныкык пыче тавэтгыӈлаткы омакаӈ.
5   Миӈки, таӄын таӄ ынав'ут элык?
Даже анорог'ык ӈыволаткын ныкак
мытэмыт наӈвоткын ваккы.
Потом нунув'и, ывынг'у, и вот,
а гарӈэролг'о г'опта ӈыволаткы татылык.
10 Г'опта нанчоччымавыткы наӄам таӄ таӄпичгын.
Янотыӈӄал гамрарак.
Например, гымнин ыннив' рарак.
Вачӄэнак васӄэнрак.
Мик микув'и хочет тататылӄивык рарак ӈыволат татылык.
15 В'ай ын тавэтгыйӈлак и омакаӈ г'оптатыл эта.
Таг'ир ныкив' семей омакалаткын.
Ну конечно в'ай панэнёсг'ыӈ итылык очень.

«About the Ololo feast»

E. L. Nesterova, Lesnaya, 9.10.2012

1 Earlier they confered with the elders,
   as usual, in our language.
   They said, "We can do it."
   We always consulted with each other.
5 Where and how to hold it?
   In spring they begin
   to collect roots.
   Then fireweed, berries,
   animals also are prepared for the feast.
10 They also prepare various kinds of food.
   First they celebrate in every house.
   For example, my uncle hosted it in his house,
   others in theirs.
   And those who wished to celebrate together united to hold the feast
     together.
15 They came together and decided.
   Several families united with each other.
   So it was before.

---

1 Раньше старики обязательно советовались
   как обычно по-нашему.
   Говорили: «Может сделаем».
   Всегда советовались вместе.
5 Где, как провести?
   Только весной начинают
   корни собирать.
   Затем кипрей, ягоду,
   животных тоже начинают заготавливать для праздников.
10 Также готовят различные продукты.
   Вначале празднуют в каждом доме.
   К примеру, мой дядя устраивал в своём доме.
   Другие в своих.
   А кто желал вместе праздновать объединялись и праздновали
     вместе.
15 Собирались, решали.
   Некоторые семьи объединялись.
   Так было прежде.

«О празднике Ололо»
(продолжение)

Мне, например, не нравится кок вай ынкын.
Турӄайунюню тыттэль ныкаплал,
20 ӈыволат вэтг'айӈак, выепсак, кытг'айӈарилык.
Раньше лыгикытвы ататылкык этылӄивык чыӄач.
Ӈывол майӈыэв'г'эчелаткы и лишь бы себя показать.

«About the Ololo feast»

(continued)

I do not like how it is done nowadays.
The young are not very respectful now.
20 They start making noise, whistle, yell.
Before, those things were never seen, it was quiet.
(Now) they get drunk and just want to show off.

Нынче мне не нравится, как проходит.
Молодые сейчас очень нетактичные,
20 начинают шуметь, свистеть, кричать.
Раньше подобного никогда не наблюдалось, было спокойно.
Начинают напиваться и лишь бы себя показать.

Belousova,
Varvara Kondrat'evna

Palana, 13.03.2010

Белоусова,
Варвара Кондратьевна

«Подготовка к празднику Ололо»
В. К. Белоусова, п. Палана, 13.03.2010

KLC366 || 1› 10:15 || 5› 10:36 || 10› 11:09 || 15› 11:26

1 Муру, например, вот лесновские.
Каждый этынвылг’ын, раралг’ын, если вот, например,
ну, примерно, гымни уякуч гымнин ныг’итылӄывын.
Ыннаны ныг’ынмынэн унныал ил и тынны,
5 Ам гыммэ нэкыӈ на октябрю готовилась бы Ололо.
Каждый янот ӈаӈык ӈикыну в’а В’эемлык эмчинин раракэнав’
нэталӄэлаткын.
Шегод эчги гыммэ тататылык, мэтэвын в’ачкэн татылыткын.
И так, и таӄын в’ача до ноября гаӈво татылык.
А так я не слыхала ничего.
10 Там млавык и всё.
А так актыка г’ынныйкы.
Налаг’ун Вэемлык рараӈа тын нымэӈыӄин,
специально такой ныг’итыткын в’а.
И ӈаӈын специально летом
15 аӄан таӄув’и готовитык на Ололо
йыйигырлг’ын, лэлӈын, потом кымчеӄ, ывынг’ын,
аӄан тины г’опта.
А потом яӄач г’ам ныкын тыйкэтиныкъ ныкык.

120

«Preparations for the Ololo feast»

V. K. Belousova, Palana, 13.03.2010

1   We, for example, the people from Lesnaya.
Each host, the head of a family, for example,
if I had a husband.
If he had killed a seal or any other animal,
5   I would prepare for the *Ololo* feast in October.
Earlier everybody in Lesnaya knew what to do.
Today, I celebrate, tomorrow someone else does.
And so they celebrate to November.
But I heard nothing like that.
10 There they dance and that's all.
You are not allowed to sew at that time.
They go into the big house,
definitely big.
Already in summer
15 they begin to prepare for *Ololo*
boiled fish, fish row, then fireweed, berries,
in short, everything.
They prepare quickly.

---

1   Мы, к примеру, лесновские.
Каждый хозяин, семьянин, если вот, например,
ну, примерно, если бы у меня был муж.
Он бы добыл нерпушку или ещё какое-то животное,
5   Я бы начала готовиться к празднику Ололо в октябре.
Раньше каждый в Лесной самостоятельно знал, что делать.
Нынче я праздную, назавтра другой.
И так да самого ноября начинают праздновать.
А так я не слыхала ничего.
10 Там танцуют и всё.
Нельзя в это время шить.
Найдут большой дом,
непременно большой.
Ещё летом
15 начинают готовить к Ололо
вяленую рыбу, икру, затем кипрей, ягоду,
короче всё.
Полным ходом готовятся.

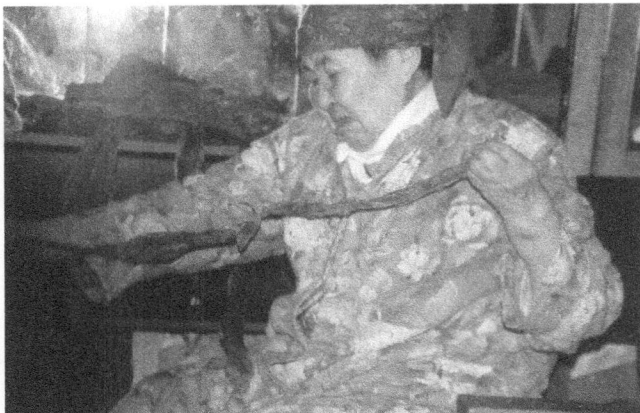

«Подготовка к празднику Ололо»
(продолжение)

KLC366 || 20 › 11:51 || 25 › 12:27 || 30 › 13:06 || 35 › 13:38

Ололо хочешь ныкык тэйкык, если гынан.

20 Тытэкынэк ынӈин голв'ыек таныкынэв'.

Тумгу кив'гынэв': «Ток, гым ынкытын тычеткэюӈыӈ хоть хочу ынкыт итык,

вот ынкыт титыӈ, теныкын и всё яҟач г'ам яҟовыт Ололо,

когда ныкэк, вот когда ныкын итылҟивыткын, октябрь».

14 октября, ынӈин г'ыллаткын.

25 Когда первый снег идет, ага.

Если 14 октябрь иткэ

не следует проводить Ололо.

Это мне мой дядя Яков Михайлович говорил.

И потом ынкытын, ынӈын ныкы 14 ити 15 и до 10 ноября.

30 Уже вот к 10 вот к ноябрю уже последние яӈволаткын ныкык.

И можешь там аҟан э улёлё вилык аҟан г'унгынтэвэ гитылҟиви.

Это мне всё дяденька говорил, рассказывал.

Потому что он мне говорил: Ты ничего не умеешь делать.

Ничего ныкык вот когда ынӈит.

35 Вот начало вот может.

«Preparations for the Ololo feast»
(continued)

On your own you start.
20 They determine on which day you hold (the feast).
To the others you say, "Come on, I think this way,
so I will do the *Ololo* feast,
when October comes."
Snow falls on October 14.
25 When the first snow falls.
If there was no snow until October 14,
you do not hold *Ololo*.
My uncle Yakob Mikhailovich told me that.
In short, the feast begins around October 14–15 and goes until
    November 10.
30 By November 10, the last ones who wish to hold it.
Then you have a rest at your own discretion.
All that my uncle had said to me, he told me.
Then he told me, "You are not capable of doing anything.
There's nothing you can do."
Well, perhaps in the beginning.

По своему желанию начинаешь сам.
20 Определяются, в какой день проведёшь.
Другим говоришь: «Давайте, я буду думать таким образом,
я буду делать так праздник Ололо,
когда наступит октябрь».
14 октября выпадает снег.
25 Когда первый снег идет, ага.
Если же 14 октября не выпал снег,
не следует проводить Ололо.
Это мне мой дядя Яков Михайлович говорил.
Короче, праздник начинается где-то 14–15 октября и до 10 ноябрю.
30 К 10 ноября проводят последние желающие.
Затем отдыхаешь по своему усмотрению.
Это мне всё дяденька говорил, рассказывал.
Потом он мне говорил: «Ты ничего не умеешь делать.
Ничего не умеешь».
35 Вот начало вот может.

«Подготовка к празднику Ололо»
(продолжение)

Аннано вот, когда это перёза снимает, вот тэ так
в конце июля.
В конце июля снимает ынӈо берёза
листья эллаткын и с корнями, татӄуп.
40 Потом вы видела ты у них, ынӈин ван другой.
А который вай рарак нэнпыткын, ынно ынӈин.
Тынгыйывэтынкынгыт.
В конце июля прыткынин и ынно ыно там ныкэткынын мэчг'ан
ныкэткынын но и инечымкэткынын, чтоб листья нунпрыткын,
45 инечымкэткынын, чтобы не падали листья,
чтобы никто не аӄам микынэк ноӈытрогатык ныг'ынтыкын.
Тырайтатыткынын на черта говорит.
Ведь ынин унюню г'опта лиги нэлӈыткы и там вот до осени.
А эти гэ ныкэви гэнв'а ныкэви ӈунвинэ «Ололо» дере дерево.
50 Вот, например, ыно уттыут другой.
Ынныӈин знаешь чего матло полохо Тыг'аг'ак другой Гриша.
А потом с этого приехал какой-то дяденька с Поткагерное.

«Preparations for the Ololo feast»

(continued)

Furthermore, you choose a birch tree
at the end of July.
At the end of July you take this birch,
with leaves and roots.
40 In fact you saw which one they have.
The one that they put in the house.
I'll show you.
At the end of July you harvest it carefully,
with care that the leaves do not break,
45 you turn them off carefully.
Don't let anybody touch it yet.
You bring it home.
The children should know that you must not touch it, this tree has
    to stand there until fall.
Do not say that it is for the *Ololo* feast.
50 As if it were just another tree.
But this, you know, is bad. Grisha hauled this here.
At that time, an uncle was with us from Podkagernoe.

Дальше выбираешь берёзу
в конце июля.
В конце июля снимает какого берёза
с листьями, корнями.
40 Ты ведь видела, какая у них.
Такую, которую ставят в дом.
Показываю.
В конце июля срываешь аккуратно,
осторожно, чтобы листья не сорвать,
45 сворачиваешь их аккуратно.
Пусть никто пока не трогает.
Заносишь домой.
Дети должны знать, что нельзя трогать, это дерево должно
    стоять до осени.
Не говоря, что это на праздник «Ололо».
50 Как будто это дерево другое.
А это, знаешь, плохо. Его притащил Гриша.
Затем прибыл к нам дяденька из Подкагерное.

«Подготовка к празднику Ололо»
(продолжение)

🎬 KLC366 ‖ 55 › 16:01 ‖ 60 › 16:36

И ынан ынӈин гэныкылин ну учил, он, видимо, там сон видел рарак.
И ынно где-то в середине лета приехал на лошадях.
55 И вот ынан гэныкыл ӈэвэӄ если гынан этэйкыкэ тэӈтыӈ,
в'утин гаймат муру ал иткэ таӈг'алаӈ то если тэтэйкыӈын
то выйын ван нураӄ тыюнэтики.
Янта тэлытл, эӄын янта ынык нэныкэлкивыткын и
нэтэйкылкивыткын ну вертушка отдельно
60 Ынӈин кон когда ныкаткынын утром рано тытэкрэвыткын и
ныкэткын тыпыткынын ӈано ныкык рарак.
Когда гым тыӈтоткын гарӈырон утром оро кричит Гриша:
«Ой, вайя тыныкэн ӈун а уттыут тынатвон, ачги ӄыет,
гамлавысӄив'!».

«Preparations for the Ololo feast»
(continued)

He advised how to address them, after his dream at his home.
After all, he stayed with his horse until the middle of summer.
55 He also said, if you do not hold the feast,
we will no longer exist, but when we hold it –
a long life will be ahead of us.
And regarding the *telitl* he remarked that you have to do it separately,
you have to do it separately.
60 When I wake up early in the morning,
then I see that they have put the tree in its place.
I go outside, but Grisha shouts,
"I brought the tree,
go and dance."

Он посоветовал, как обращаться с ним, опираясь на свой сон
    у себя дома.
Кстати, он прибыл на лошади в середине лета.
55 Вот он-то и сказал, что, если не проводить праздник,
нас не станет, а если провести –
нас ждёт долгая жизнь.
А по поводу тэлытл заметил, что её надо делать отдельно
надо делать её отдельно.
60 Когда я просыпаюсь рано утром,
то вижу, что установили дерево.
Выхожу на улицу, а Гриша кричит:
«Я занёс дерево,
иди танцевать!».

Yaganova,
Ekaterina Grigor'evna

Lesnaya, 6.10.2012

Яганова,
Екатерина Григорьевна

«Проведение праздника Ололо»
Е. Г. Яганова, с. Лесная, 6.10.2012

KLC367 || 1 › 0:00 || 5 › 0:33 || 10 › 1:10 || 15 › 1:47

1 Гымыкыӈ митив' мытта мыттатыла уӈг'альпиль мыннэкала
мыныӈвола ныкэк в'ай тытатэлавык, кытэпыпэль, кэйӈыпильняӄу
И-и! Ынӈынэ ивыткын, а потом и ивыткын.
Митив' в шесть часов, не в 6 часов они встают,
а в 8 часов утра уже милгын нэныкэткын, нанчоччымавыткын
уйырыт,
5 только не березовые, а сушняк, тут туда ложат,
ты я потом я увидела потом ынно ынӈын нэв'латкын митив'
мыттаӈволат уӈг'альпэль тытатылг'авык.
И и договариваются микув', наӈвоткынат ныкыӈыт,
э микув'в'и таӈволаӈ татылык г'ав' омаӄаӈ.
Вот например мэткэ ыныкэ пусть например будет,
Простой пример приведу: гыттэ тытатылг'аг'атык и гыммэ кусок
пример приведу: ты празднуешь и я.
10 И гыммэ тывыткын: а мэӈкымыч мыттаӈвола татылг'атык?
и я говорю: «А как начнем праздник?».
Гымнан тывыткын: мэткэ в 8 часов утра,
А гыттэ соглашаешься со мной ивыткыӈ, например,
И вот 8 часов гыт приходишь, утром.
Ынӈин милгыпиль уже нэныкэлӄыныk нэӈл уйирыт амыпг'аоттата
никаких.
15 И вместе мытаӈвоткын мытаӈвоткын уйирыт ын тэйкык
И к этому надо ныкэк в'а приготовить ныкэв'ы лаг'утэв' то
милютыт'эн.

128

«Holding the Ololo feast»

E. G. Yaganova, Lesnaya, 6.10.2012

1   "Tomorrow I will hold the seal feast, let's begin to prepare for the feast
     of the snow sheep and the bear."
     This is how they usually speak.
     Tomorrow at 6, no, at 6 o'clock they get up.
     At 8 o'clock in the morning they start the fire,
5   Not from birch wood, but from deadwood.
     I was able to witness how they spoke about tomorrow's feast of the seal.
     They agreed on who will hold it when and with whom.
     For example like this.
     You and I will celebrate.
10 I tell you, "Probably tomorrow at 8 o'clock in the morning?"
     I suggest to hold it 8 o'clock in the morning
     You agree with me.
     And at 8 o'clock you come.
     The deadwood fire is already prepared.
15 And together we keep the fire going.
     For everything else you have to prepare the sacred grass and hare fur.

---

1   «Завтра у меня будет праздник нерпы, начнём готовиться
     к празднику барана, медведя».
     Так обычно говорят.
     Завтра в шесть, нет в шесть не встают.
     В восемь часов утра начинают готовить костёр,
5   не с берёзовых дров, а с сушняка.
     Я свидетель того, как они говорили о предстоящем завтрашнем
     празднике нерпы.
     Они договаривались, кто, когда будет проводить и с кем.
     Например так.
     Ты будешь праздновать и я.
10 Я тебе говорю: «Может, завтра в 8 утра?».
     Я предлагаю провести в 8 утра.
     Ты соглашаешься со мной.
     И в 8 часов ты приходишь.
     Костерок уже подготовлен из сушняка.
15 И начинаем огонь вместе поддерживать.
     Ко всему прочему надо заготовлять священную траву и заячий мех.

«Проведение праздника Ололо»
(продолжение)

🎬 KLC367   ‖ 20 › 2:16 ‖ 25 › 2:58 ‖ 30 › 3:19

Ынӈынэ г'опта инэлвэтык называется ынӈынэ вот.
Вот это я никак толком не знаю не могу ныкэк еплю
   тыныкэлӄывэткын.
А ынан же хорошо ныкэткын мэлгытань ой мэлгэйпыӈ наӈвоткын
   ынӈынэ унг'альпиль тытатылг'авык утром рано,
20 в 8 часов утра и нэв'вэвыткын.
Ын унг'альпиляку и кытэпапэлляӄу ынӈэнав' тоже наӈвоткына
   ныкэк мэлгэйпыӈ в честь лаг'утэна ныкэк.
Вот это ылла конпыӈ нэвыткын гым ӄыныкэткын,
но я эл эныкэткэ аччыги ылла эл эӈыкэ...
Потом ынӈинэ у утром ӈыволаткын реальг'атык.
25 г'опта ынӈин уже наӈвоткын тытгипавык,
что в'утин раг'ырг'ын, нытаӄ раг'ырг'у тытатылг'алаткы.
Нантатылг'алаткын ныкэв'
   уӈг'альпиляку, кытэппэляӄу, кэйӈыпиляӄу, сколько например:
   ӈытак ныкэв'и кытэпав'и,
30 нытаӄ, ыннэн ныкы кэӈныпиль и ӈырука например ныкы
   уӈг'альпильӈяку
мойон, ныкык кэлилг'ын г'опта ӈан ... тоже названия нэникынив',

130

«Holding the Ololo feast»
(continued)

This is indispensable for the ritual practice.
I just don't know what to begin with.
At the feast of the seals they start "to send their souls off" through the
    fire early in the morning,
20 at 8 o'clock in the morning they send them.
They also send seal and snow sheep through the fire with the help of
    (the sacred) grass.
My mother always told me, do it like this,
but I didn't take her words seriously.
Soon they will come in.
25 I knew
that they would hold the feast in this house and in the second one.
They will celebrate
the day of the seal, snow sheep, bear, how many for example,
two snow sheep,
30 two bears or three seals,
and now spotted seals…

Это необходимо для ритуальных действий.
Единственное не знаю, с чего начать.
А праздник нерпушки начинают провожать через огонь утром рано,
20 в 8 часов утра и отправляют.
И нерпушку и барана это тоже начинают через огонь провожать
    с помощью травы.
Мне мать постоянно говорила делай так
но я её слова всерьёз не воспринимала.
Вскоре начинают заходить.
25 зная,
что в этом доме и во втором проводят праздник.
Будут праздновать
день нерпушки, барана, медведя, сколько бын и было
двух баранов,
30 двух медведей или трёх нерпушек,
а сейчас пёстрой нерпы…

«Проведение праздника Ололо»
(продолжение)

А нэннэткын ынӈин утром рано,
когда до 11 часов ӈыволаткын наӈволаткын тытатылавык яярыткокэлавыткын,
мылав'ычетык и когда обед ыннэныкэк ужин.
35 Г'опта нэттылэткын стол нэтэйкыткын праздничный
Это 8 часов утра нэ например нэныкэлӄивыткын нены ӄытатэльгэчелькэвейкы ӄор вотэн райырг'ык например,
в'отэнраӈ в'утыкку татыл Ололо нэтэйкыткын.
И кыта ӄытатэльгэчелкэ и ӈыволат реалг'атык,
амалваӈ пичгу пичгу нэтэйкылкивыткын,
40 но тилӄытил эл эныкэкэ, эл антыватка, а вечером.
И вот утром, нет днем ыно ӈыволаткын реалг'атык ав'ъенвыӈ,
Нэныкэлӄивэт эв'ылӄывыткын: «О! Ололо!».
И ын в первую очередь должен сказать когда ралӄивытӄын нытки: «Ололо!».
татылг'эчелг'ын – хозяин должен сказать: «Ололо!».
45 А они подхватывают: Ололо! – и всё ӈыволаткын эв'йик только, только ов'йик, ӈыволаткын эв'йик.
А вечером тоже хозяева должны договариваться, та мэкув'и татыльг'ычейллыг'о.
Ӄун гыммэ гынык тивыткын:
8 часов вечера мыныӈвола татылг'атык а ынӈыно уттыпэльнаӄ лыгунэ.

«Holding the Ololo feast»
(continued)

They bring them [the figures] early in the morning,
at 11 o'clock they begin to celebrate and to play on the drum,
to dance, and at lunch and at suppertime.
35 A festive dinner is provided.
Already at 8 o'clock in the morning people are having fun in this house,
and in the other, the *Ololo* feast is (already) acknowledged.
When they begin to come to the feast,
various kinds of food have been prepared.
40 The main dish, *tylkhtyl* (mash), is only served in the evening.
And in the morning, no, during the day, the guests eat it all.
When they enter the house, they shout, "O! Ololo!"
And the first who enters the house has to say, "Ololo!"
And the host of the feast must say, "Ololo!"
45 After that, they all say "Ololo!" and start their meal.
In the evening, the hosts have to agree upon who will hold the feast.
For example I tell you,
At 8 o'clock in the evening we start to bring in that tree, the birch.

Выносят их утром рано,
в 11 часов и начинают праздновать, играть на бубне,
танцевать и в обед, и во время ужина.
35 Накрывается праздничный стол.
Уже с 8 утра веселились в этом доме,
и в другом, отмечая праздник Ололо.
Когда начинают заходить на праздник,
приготовлялась разнообразная пища.
40 Главное блюдо-тылкытыл выставлялась только вечером.
И вот утром, нет днём, всё это гости начинают кушать,
Входя в дом, воклищают: «О! Ололо!».
И первым входящим должен сказать: «Ололо!».
Хозяин праздника.
45 После этого все восклицают Ололо! И начинают угощаться, есть.
Вечером хозяева должны договориться, кто будет проводить
    праздник.
К примеру я тебе говорю:
в 8 часов вечера начнём заносить это дерево, березку.

«Проведение праздника Ололо»
(продолжение)

Не не лыгунэ, а как же называется ольховые такие –
рык рыклёв'в'ы…
50 Как же, главное ольховые были в'ай в'утик мэӈкы ны.
Но я до сих пор не знаю, где именно она их хранятся ынӈын Игорь,
Игорь…с-с-с.
Алексей Никифорович хорошо знает, как ынан г'опта татыль
ныкэткын.
Мы это как в прошлом году алыӈ татылг'аллаткын ынӈэн
мэлгэйпыӈ.
8 лыгуммэн 8 часов утра кыяв'латкын.
55 И первую очередь уӈг'альпиляӄу нэныкэткынэнэв'ы
нанэв'ыв'элӄивыткын.
А-а как встречают ынӈин ныкын уӈг'альпиляӄу.
8 часов вечера наӈвоткынат тыникыкык ныкэк в'ай мэӈин
ав'ъелг'атыкэвв'и:
Ток атты в'ай натаӈволаӈ татылг'атык «Илуил»
ну значит нерпушки, медведи и баранов.
60 Г'опта 8 часов вечера натаӈвоӈын тытатылавык,
Пока мелькот кэллатык ныкык ив'г'исык, быстро убирают и все
стоят и мэкинныӈ в'а.
Мэкиныӈ нэтэгрэӈын уӈг'альпиляӄу, ынӈинэ нэныкэткынэв',
лаг'утэн
наӈвоткын ныкэк так вот гынан встречай вот этот лаг'утэн и
тыкотэӈ.
И заносят ынӈэн ныкын ольху и кричат и ныкэн:

134

«Holding the Ololo feast»
(continued)

Not a birch, actually an alder branch.
50 The main point is that it were alder branches for this ritual practice.
But until now I do not know exactly where they are stored. This Igor…
Aleksei Nikiforovich knows quite well how everything is done.
In the last year they carried an alder over the fire.
As always, everyone woke up at 8 o'clock in the morning.
55 At first they began "to send off " the seals.
I remember how they meet them.
At 8 o'clock in the evening they begin to feed them, those who eat.
They bring *iluil* to the feast, which are small animal figures
(representing) seals, bears, and snow sheep.
60 At 8 o'clock in the evening the feast begins.
They ask everyone to stop using (anything) hot and to take part in the
    ceremony.
Whoever took a seal (figure), started to fan with the sacred grass,
here, this way.
He (or she) brings it on with the exclamation,

Не берёзу, точнее ольховую ветку.
50 Главное ольховые ветки были в этом действии.
Но я до сих пор не знаю, где именно она их хранили. Этот Игорь…
Алексей Никифорович хорошо знает, как всё делается.
В прошлом году проносили ольху над огнём.
Как всегда все проснулись в 8 утра.
55 В первую очередь начали провожать нерпушек.
Вспомнила, как их встречают.
В 8 часов вечера начинают их «кормить» это тех, кто кушает:
Заносят на праздник *илуил*, то ест фигурки животных
нерпушек, медведей, баранов.
60 В 8 часов вечера начинается праздник.
Просят всех прекратить употреблять горячительное, и принять
    участие в ритуальных действиях.
Кто взял нерпушку, тот начинает обмахивать священной травой,
вот таким образом.
Заносят с возгласом:

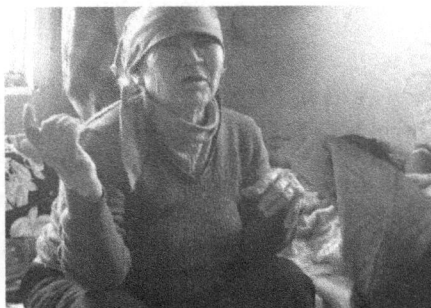

«Проведение праздника Ололо»
(продолжение)

📽 KLC367 ‖ 65 › 7:15 ‖ 70 › 7:48 ‖ 75 › 8:22 ‖ 80 › 8:57

....

65 «Раньше надевали наизнанку, ныкэн кухлянку…
это праздник когда был Ололо в'айын то этги по-новому».
А по старому: итг'ув'ви найпыткына только на наизнанку.
Ынӈын так встречают ныкэв' уӈг'альпиляӄу и ныкэву
гырӈикпиляӄу г'опта,
кэйӈыпильняӄу, тынупкытэпопэлиӄу ынӈына нанатвыткына
и яярыткольӄота,
70 а ынӈина в'ыйын эк ӄоляявалаткынэв' и лаг'утэнпэляӄ у
нэкылтылӄивыткын
И потом ынӈына нанчывэчаткын ынки к печке печкагэӈкы.
И ӈыволаткы ӈыволаткын например гымлэ татылыткок.
Гым тыӈвок эв' тыг'ыӈвок, млавык и кри не кричать, а вы'йын
тымлавыткын,
в'йын говорить Ололо, гымнин экык гамэлолэн и гымнин экык
гэныкэлин,
75 в'а гактэполэн инӈынэк тытаӈвоӈын тытатылг'авык.
И гыттэ что же тоже, как будто гыныкыннив'у,
гынан уӈг'альпиль ныкын,
кэйӈыӈыпиль гынин уйӈэ как будто гынан тытатылг'авыткын
ынӈин г'опта тынйивыткын.
Ынӈин ынкыт наныкын а и и целый день надо где ынӈина тэйкык.
80 А потом ынӈынэ в 8 часов вечера нанатвыткын
и яӄӄачг'ам яӄ ӈыволаткын уловык наӈвоткын тыгайм
гаймычг'атылӄэвык,

«Holding the Ololo feast»
(continued)

65 "Earlier, for the feast we put on the *kukhlyanka* (fur coat)
 on the wrong side…
 during the time of *Ololo*, now everything is different."
 Earlier they had to put on the *kukhlyanka* on the wrong side.
 This way they met the seals and also (other) animals.
 Those who brought small figures of bears into the house during the
 sound of the drum
70 and of songs, they tied them with sacred grass.
 Then they put them into the furnace.
 The feast has begun.
 I began to dance
 with the exclamation *Ololo* and with the words that my son had killed
 seal and snow sheep,
75 therefore I began to celebrate.
 And you, or be it your uncle,
 you killed a seal,
 you had no bear, but you will also honor him and celebrate.
 And so it goes on for the whole day.
80 And at 8 o'clock in the evening they bring on all figures.
 and all of them begin to enjoy themselves,

---

65 «Раньше на праздник кухлянку надевали наизнанку…
 во время праздника Ололо, сейчас же всё по-другому».
 В прошлом кухлянки надевали наизнанку.
 Таким образом встречали нерпушек и животных тоже.
 Занося в дом фигурки медведей под звуки бубна
70 и песни, обвязывали их священной травой.
 Затем их клали у печки.
 Праздник начинался.
 Я начинала танцевать
 с возгласом Ололо и со словами, что мой сын добыл нерпу, барана,
75 поэтому я начала праздновать.
 И ты, как будто твой дядя,
 ты добыл нерпушку,
 медведя у тебя нет, но ты будешь тоже его почитать и праздновать.
 И так проходить весь день.
80 А в 8 часов вечера заносят все фигурки
 и все начинают веселиться,

«Проведение праздника Ололо»
(продолжение)

тыкрывычг'авык ынӈинэ уӈг'альпиль,
гырникпиляӄу ынӈынэ накалаткын, ивыткын:
«Ток ӄытайӄылӄавыт, сколько гынан ныкив' гыйник
йыӄэйкэӈэв'нэв'!».
85 Ныкэв' к примеру никэв' уӈг'альпиляӄу, гыммэ тивык: ӈытаӄ
а ынӈинэ крест на крест нэтэйкыткын,
веточки снимает и делает ныкыни и нэкылтыткын ныкэтэ
от кожуры никын сушат ныкыв'и,
от кожура от Иван чая инӈынэтэ нэкылтэт, они же прочные,
ыннынэт кипрея.
Сколько ынан ныйывы… а потом ивылӄивыткы аӄ мэкитгынэв'
мыныӈтатыла.
90 И г'опта эмӈынэю наконӈвоткына тэйкык нэнгыйевитэлӄы
мэӈинэ только нэкалаткы гаймычг'алаткыни нэкалат
таӄырвэчг'алаткыӈын.
И ынан ивыткын гымнан ыв тэтгивэмӈэ мэӈкм мытэйкылӄывэ.
А вот ынан хозяин должен спрос это к примеру Алексей
Никифорович.
Ынан хорошо ивыт:
95 «Гымнан мынгыюлэвитын как уӈг'альпиль», ныкэткын ынна
ынӈин тыгыюлэвыткын.
И он должен запомнить это каждый год, когда г'ыт тамэлоӈкэ ынӈэ
вспомнишь.
«Будешь помнить как уӈг'альпиль надо тытатылг'авык
и они запоминают и кытгулкы или снег нэныкэлӄы».

138

«Holding the Ololo feast»

(continued)

to please the seal,
and the animals, while they say:
"Come on, decorate them, these animals, honor them!"
85 For these two seals
we tie figure sticks, and cross them.
They tie the sticks together with dried stems.
Dried stem from fireweed is very solid.
When they tie them, they decide and start to honor, to meet (them).
90 They tie them in pairs, saying to the others
to whom we tied them for our pleasure.
He says that he does not know how to do it.
About that you have to ask the host of the feast, for example, Aleksei
    Nikiforovich
He says correctly:
95 "I say how the seal…," he instructs like this.
Those who ask should be reminded that you kill seal every year.
"You will remember, how we hold the seal feast
and you keep in mind that we must sprinkle them with water."

радоваться нерпушке,
животным, приговаривая:
«Давайте украшайте их, этих животных, посчитаем их!».
85 Этих нерп два
обвязываем фигурки-палочки, складывая их крест-наркрест,
палочки обвязывают высушенным стеблем.
Высушенный стебель кипрея очень прочный.
Когда обвяжут, решают, чьих начать чествовать, встречать.
90 А завязывают их парами, подсказывая другим,
кому мы обязаны своей радости.
Он говорит, что не знает, как делать.
Об этом надо спрашивать хозяина праздника, к примеру, Алексея
    Никифоровича.
Он хорошо говорит:
95 «Я подскажу, как нерпушку…», так он поучает.
Спрашивающий должен запомнить, так как ежегодно добывает
    нерпу.
«Будешь помнить, как проводить праздник нерпы
и запомни, их надо обрызгивать водой».

«Проведение праздника Ололо»

(продолжение)

Нанатвылӄы ынӈинэк на снегу нэныӄэлкы тарелку вот
  нэныкэлӄывэт ынкыт

100 и сначало побрызгивают водой … ныкутгулкывыткын и снег.
  «Они же по утрам рано утром нерпушки встают».
  «И это уже уходят, и так это должны справлять это праздник».
  Таӈг'а дальше ынӈина ныкэн вотын уӈг'альпиляку на нэ
  нэныкэткын
  миска нэныкэткын ынкэгыт наёткын.

105 Ынӈинэ кутгулӄыл каждый через 3 часа кутгул, я уже подробно
  говорю,
  а потом потому что я это видела, потом наӈвоткына ныкак,
  А теперь кытэпапэлляӄу надо ныкэк тэйкык.
  А ын мальчик говорит – а я не умею.
  Давай говорит, микнэк ӄа, Алексей Никифорович:

110 «А в'ай ынкыт ынӈин ӈымӄыльлэлю ныкэвы веточки нэныкэткын
  надрез делают гов
  в'инны кытэйкыг'ын ынкыт в'инны».
  И надрез делают и когда делают ныкэн в'ай лаг'утэнӈата ныкэта
  соединяет.
  Вот так и надрез чтобы ныкэт в'ай ныкэк в'ай завязывать.

140

«Holding the Ololo feast»

(continued)

They bring snow and pour it on a plate, where they soak these small
    animal figures with it,
100 preliminary sprinkling them with water or with snow.
They are seals, they get up early in the morning.
It is starting to be forgotten, therefore it is important to acknowledge
    this feast.
Furthermore, they put these seal (figures) into a bowl.
105 All these figures are sprinkled with water every three hours,
as I have watched this.
And with the small snow sheep figures they do precisely the same.
One boy says that he cannot do it.
Let Aleksei Nikiforovich tell him,
110 "But it is done like this," he explains to the boy, "you make a cut into
    the twigs
and make a 'road' like that."
With the cuts made, they connect them with sacred grass.
These cuts help to fasten the figures more strongly.

Снег заносят и насыпают в тарелку, куда помещают эти фигурки
    животных,
100 предварительно опрыскивая их водой и снегом.
«Они же, нерпы, по утрам рано встают».
«И это уже уходит в прошлое, поэтому надо отмечать этот
    праздник» – размышления информанта».
Дальше эту нерпушку
кладут в миску.
105 Все эти фигурки через каждые три часа обрызгивают водой.
    Почему говорю подробно,
потому что я это наблюдала.
А фигурки баранов точно также надо делать.
Один мальчик говорит, что он не умеет.
Пусть Алексей Никифорович подскажет:
110 «А это делаетя так, – говорит он мальчику, – на веточках делается
    надрез,
а вот так делается "дорога"».
Сделав надрезы, соединяют священной травой.
Вот эти надрезы помогают крепче скрепить фигурки.

«Проведение праздника Ололо»
(продолжение)

🎬 KLC367 ‖ 115 › 12:48 ‖ 120 › 13:21 ‖ 125 › 13:47 ‖ 130 › 14:17

В середине ныкэтык ынӈинэ не просто ниточкой,
115 это жи жи жилкой оленя или гыт кто Надежда…
Как фамилия Надежда Яковлевна гымыкыӈ ынэйылы рытырыт –
ынӈинэтэ надо кылтык, ынӈинэ она знала.
Её родители научили ынӈинэтэ накылтылкы и нэныкэлӄы,
где ольха к печке гэныкэлкы приклонена ыннин это
наӈылгӈыкавын.
120 Например гымнан экык две кытэпав' гэныкэлын гэныкэлын
ганмылын
и кэӈыпиль ынӈин тоже.
Надрез делают ныкэтэ лаутнэта наныкыткын и завешивают.
Потом ӈыволат екӄэчг'ам кырвичг'этык.
А где-то в 11 часов прекращают пока,
125 Они же кытэпапэльняӄо и гырникпэляӄо отдыхают в это время
не всю же ночь ныкалат.
Тылайвылӄавык, а утром рано часиков атты рассвет,
должен ныкэк ынӈинэ наӈвоткын тыв'вэвык уӈг'альпэляӈ
в первую очередь
нэнэв'в'эвылӄэвыткын мэлгэйпыӈ и ивылӄивыткын:
«Ток гымнинэв' гымык уӈюӈювын ныкэв'ы гырӈыкпильӈяӄу
уӈг'альпиляку ав'вав'латкын»
130 и гаӄавэлаӈ и тилӄа нэныкэлӄы ӄайлым нанӄавэвыткын ныкив'и
и тилӄув'ы.

«Holding the Ololo feast»
(continued)

In the middle they fasten them not only with a thread,
115 but with reindeer sinew. Nadezhda recommended this.
I do not remember her family name, they called her Nadezhda
  Yakovlevna, and it was she who gave me the reindeer sinew.
With that one has to fasten it. She knew that for sure.
Her parents taught her that.
They tie it to the alder that is erected behind the furnace.
120 For example, my son killed two snow sheep,
and also a bear.
They make a cut and hang it in the alder tree.
After that the real enjoyment starts.
Towards 11 o'clock they get quiet.
125 They understand that at that time the animals have a rest.
Early in the morning, before dawn
the souls of the seals and the other animals,
are "sent off " through the fire, with the words,
"You are the animals of my son, seals, your are sent off to leave us,"
130 and they burn them, before they had smeared them with fat, *tolkusha*
  (mash).

Посередине завязывают не просто ниточкой,
115 а оленьей жилкой. Это посоветовала Надежда…
Фамилию не помню, звали Надеждой Яковлевной, которая дала
  мне оленью, жилку.
Этим надо скрепить. Она – то точно знала.
Этому её обучили родители.
Привязывают к ольхе, поставленной возле печи.
120 К примеру, мой сын добыл двух баранов,
медведя тоже.
Делают надрез и вешают на ольху.
Вот после этого начинается настоящее веселье.
К 11-ти часам притихают.
125 Понимая, что животные в эту пору отдыхают.
Рано утром, когда ещё нет рассвета,
их, нерпушек и других животных, в первую очередь
начинают отправлять через огонь, приговаривая:
«Вы моего сына животные, нерпушки, отправляетесь уезжать»
130 и угощают, смазывая их жиром, толкушей.

«Проведение праздника Ололо»
(продолжение)

KLC367 ‖ 135 › 14:58 ‖ 140 › 15:56 ‖ 145 › 16:35

Нанвоткын, которые гынан сделала ныкэн ынӈинэ ынӈины
  нэныкэлкывэ нэнгыйыв нынӄававыткын,
чтоб на будущий год
нымэйнэӄ много было зверей уӈг’альпэляӄу ныетылкэвыткы мо
  моррыкыӈ.
В’ай мынынӄав’эвыткынав’ тилӄэ ыннэн (невнятно) через огонь
  нанэв’в’ывлат.

135 А дальше ынӈин нэнэв’в’эвыткын, нанымлавытын потом ынӈин
  ольху а там же кытаппэляӄо, кэйӈыпиляӄу.
И ынӈин надо тэв’в’эвык и ынӈинэ гэйӄы ыныкы гэйӄыӄолэявата,
  и эти надо отправить и эти танцуя.
Яяроткык наӈвоткын эв’ыт ныкэк, которые мэӈин хозяева ныткы
  Алексей Никифорович и ныткэ ынин экык Игорь.
К примеру ынӈина итг’ув’и гачыӈкэл наны нэныкэлӄывыткы
  найпыткын и пэлюӄу меховые такие.
Наӈвоткына ныкэк ынӈинэ а нэныкылӄи нэнэв’в’ывылӄынэтын
  и гэйӄыяяротка.

140 Ололо гымнинэ гырникпиляӄу ӈыволат ав’в’ав’латкы
  тарайтыткэла в’айы.
Ын тильӄыпиль белый аттыткын нэныкэткын нотаӈ нэнллэткын.
Сначала гайӄыяяроткота ынӈина кытэпапэляӄо,
кэнныпэляӄу наӈвоткына тыка эв’в’эвык.
Вот ав’вавлаткыт рараӈ кытэпапэляӄу и кэнныпэляӄу тэллоӈ.

145 Наӈвоткына ныкэк гайӄыяяроткэта повожать их гайкэӄолэявата.

144

«Holding the Ololo feast»
(continued)

They begin to burn all of them, that they had prepared for the feast,
for that next year
there would be many game, seals, and that they return to the people.
The whole cremation is executed through the fire (furnace), and they
carry it also out through the camp fire, if there is one, where they burn
(them).
135 For all of them they dance, also for the alder tree and remaining animals.
And we practice it, as they say, while they sing songs and dance.
They begin to beat the drum, the host of the feast Aleksei Nikiforovich
as well as his son Igor'.
People dressed in their *kukhlyankas* (fur coats) inside out and with fur
caps.
They also carry on during the sound of the drum.
140 All animals are sent off to their home.
And white tolkusha is also brought into the wood.
First, during the sound of the drum, snow sheep,
bears are sent off.
The snow sheep and bears already went home.
145 And they begin to play anew on the drum and to sing songs.

Начинают угощать всем тем, что приготовили на праздник,
чтобы на будущий год
было много зверей, нерп, и они возвращались к людям.
Все угощения передаются через огонь и провожают тоже через
костёр, то есть сжигают.
135 Всех проводили танцами, также ольху и остальных «животных».
И этого проводим, приговаривают, напевая песню и танцуя.
Начинают бить в бубен и хозяин праздника Алексей
Никифорович и его сын Игорь.
Людей, одетых в кулянки наизнанку и меховые шапки.
Начинают тоже провожать под звуки бубна.
140 Все животные отправляются к себе домой.
И белую толкушу тоже относят в лес.
Вначале под звуки бубна баранов,
медведей начинают провожать.
Вот уже ушли к себе домой бараны и медведи.
145 И вновь начинают играть на бубне и петь песни.

«Проведение праздника Ололо»
(продолжение)

🎬 KLC367 ‖ 150 › 17:22

И где уже рассвет начинается ынӈинэ тэныкэныӈ яяроткын не так
просто так.

А яяр гэныкэтэ очищается: что они уже пошли домой к себе.

А ... нэнэв'в'эвыткын ынӈинэ тилӄыпиль нэныкэт нанӄавэткын
ӄай а кытэпапэль, кайӈыпиль нанӄавэткын,

чтобы на будущий год охота была удачной.

150 Наше поколение растет,

лыги тын нылг'ын как ынӈин татылг'атык нанкаплалавыткын.

А чтобы вот так ныкэк нету. Это плохо.

«Holding the Ololo feast»
(continued)

During the coming dawn it is more difficult to play on the drum.
In the meantime, the drum is cleaned and all participants of the feast
  return to their homes.
They have a *tolkusha* meal together with the snow sheep, bears,
with the hope for a successful hunt in the future.
150 Our generation is growing,
  but they know nothing of how to celebrate, they chatter.
  It has to be right, now it isn't. This is bad.

С наступлением рассвета труднее играть на бубне.
Меж тем бубен очистился и все участники праздника
  возвращаются в к себе домой.
Проводили угощение толкушу вместе с баранами, медведями,
надеясь на будущую удачную охоту.
150 Наше поколение растет,
  и ничего не знают как праздновать, разбаловали.
  Чтобы правильно, сейчас нет. Это плохо.

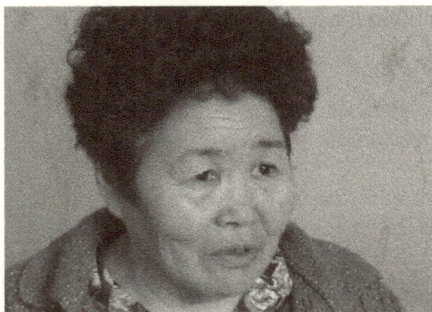

**Popova,
Antonina Nikolaevna**

Lesnaya, 22.11.2001

**Попова,
Антонина Николаевна**

«Должна быть полная тишина в первый день Ололо»
А. Н. Попова, с. Лесная, 22.11.2001

KLC367 ‖ 1 › 17:38 ‖ 5 › 17:56 ‖ 10 › 18:17

1 Раньше так семья справляла первый день Ололо.
   Говорили, что запрещалось громко разговаривать,
   чтобы нерпушки, не пугать и людей.
   И в последний день также.
5 Должна быть полнейшая тишина.
   Отмечали только в кругу семьи.
   Порой и не знали, кто ещё празднует,
   особенно последние дни
   Этим создавалось таинство встречи с животными и спокойное
      прощание с ними.
10 Нужна была полная тишина.

«There must be complete silence during the first day of Ololo»

A. N. Popova, Lesnaya, 22.11.2001

1 Earlier the family celebrated the first day of *Ololo* this way.
They said that it was forbidden to talk loudly
in order that the seals not be scared away by the people.
And during the last day also.
5 There must be complete silence.
They mentioned it only within the family circle.
Sometimes they did not know who else celebrated,
especially in the last while.
They held a secret meeting with the animals and (there was) a quiet
   farewell from them.
10 There must have been complete silence.

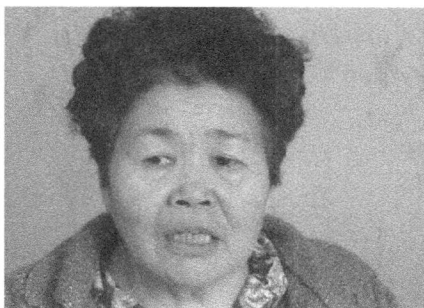

Yaganova,
Vera Anisimovna

Lesnaya, 26.10.2001

Яганова,
Вера Анисимовна

«Как проводить Ололо»
В. А. Яганова, с. Лесная, 26.10.2001

▰ KLC367 ‖ 1› 18:21 ‖ 5› 18:49 ‖ 10› 19:19 ‖ 15› 19:54

1 Мытыҥвола татылык,
и мыттайкылқивыткын ныкув'и в'уттин кырвикинав' ныкив'и
гырнику
амалваҥ итылг'у.
Если ыннэн ганмылэн лахтак, нэтэйкыткын ҥитақ.
5 А если ҥитақ ганмылэн, нэтэйкыткын ҥырақа.
Потом г'опта наёткын ныкык мискак.
И қонпыҥ должен ҥанык итык или г'ылг'ыл и.
Если эллы тыны г'ылг'ыл, – мимыл.
Қонпыҥ нужно тикытвык.
10 И потом,
тормэтэв, ҥывоткын этгатык, ынҥинив' г'опта мэло наёткын.
Нэнитыткын, мичг'аҥ намазатыткын тылқата, ынкыты.
И нэн нэн нэкэн пэчиҥ нэкэн нанив'лыткын.
И, когда тэлоҥ тылалаткын ныкив'и,
15 мургинэв' нерпав'и или ныкыв' и лахтаку, то эвылқэв'латкы:
«Ҥанык мурув'и тыттэль мэчг'аҥ».
Тытталь г'опта ыстолык г'опта тыны итылқы:

«How to hold the Ololo feast»

V. A. Yaganova, Lesnaya, 26.10.2001

1   When we begin to celebrate,
we make animal figures from twigs,
different ones.
If you have killed a bearded seal, you make two figures of a bearded seal.
5   But when (he has killed) two, then they make four.
They put the fabricated figures into a bowl.
Ice or snow always has to be in it.
Well, but if there is no snow, then they pour water into it.
Ice should always be in the bowl.
10 And then,
early in the morning, when it is getting light, all these figures are put
    into the bowl.
They smear them well with *tolkusha* (mash). This way.
They place the bowl close to the furnace.
And when the figures are near the furnace
15 then our seals and bearded seals say,
"We have it good here."
And there is on the table:

---

1   Когда начинаем праздновать,
мы готовим из прутиков животных,
самых различных.
Если одного лахтака добыли, делают две фигуры лахтака.
5   А если двух, то изготавливают четыре.
Подготовленные фигурки кладут в миску.
В ней всегда должен быть лёд или снег.
Ну а если нет снега, то наливают воду.
В миске всегда должен быть лёд.
10 И потом,
рано утром, когда начинает светать, всех эти фигурки складывают
    в миску.
Их хорошо обмазывают толкушей. Вот таким образом.
Миску подтаскивают ближе к печи.
И, когда они (фигурки животных) окажутся возле печи,
15 тогда наши нерпушки и лахтаки говорят:
«Нам здесь хорошо».
А на столе чего только нет:

«Как проводить Ололо»

(продолжение)

🎬 KLC367 ‖ 20 › 20:23 ‖ 25 › 20:55 ‖ 30 › 21:24 ‖ 35 › 22:06

И тылҟув'и, амалваӈ итылг'у,
и гэвынг'ылин, унмык гэвынг'ылин!
20 Икан солян, вэливэл.
Амалваӈ ит вут пичгув'и:
Суп, каши, амалваӈ итылг'у,
нымичг'аҟин чайя или, если итылҟэвлаткын, в'апаҟав'и
Но так как в этом году у нас эллы тин иткэ в'апаҟав',
25 эллы этэкыкэ игыньӈин ӈаен эта в'апаҟэн мимыл.
Ну и ӈыволаткы ивык: «Мурув'и тыттэль мэчг'аӈ
томгэ наны наныпляшевалаткы,
клаволо накнола мургинэв' тилҟытил».
Ыннин ещё тэлоӈ наёгын и уйӈэ миӈки ӈанык,
30 нам тоже нам тилҟэ нанманам.
И г'оптаҟал наваломыткын и эв'латкын:
«Э ом омаҟаӈ тэлоӈ мынылҟылаткы ҟорын в'эемыӈ, аӈҟаӈ
эта ӈыкык гитэк таӈвоӈи етык или ынныын»,
мурув'и тыттэль тоже нэйкын мынтав'лаӈын.
35 Киликил тоже,

152

different kinds of *tolkusha* (mash),
and berries, lots of berries!
20 Furthermore, there is salted fish and seal fat on the table.
Very different dishes –
Soup, porridge, any food,
aromatic tea, and there is fly agaric.
But this year there was no fly agaric,
25 therefore there was no brew of fly agaric on the table.
At the table they begin to say, "We celebrate well,
the guests dance,
the men begin to untie the *telytl* (ritual propeller)."
And so they watch
30 how they untie the *telytl*.
Everyone listens and says,
"We send all of them off together to the river, to the sea,
we will observe when the fish start to come close."
And everyone begins to dance.
35 There is even *tolkusha*,

И толкуши, самые разнообразные,
и ягод, ягод очень много!
20 При этом на столе солёная рыба, нерпичий жир.
Самая разная еда:
Супы, каши, всякая снедь,
душистый чай, бывает и мухомор.
Но так как в этом году не было мухоморов,
25 то и на столе отсутствовала настойка мухомора.
Начинают за столом говорить: «Хорошо мы празднуем,
гости пляшут,
мужчины начинают раскручивать тэлытл».
И так все смотрят,
30 как раскручивают тэлытл.
Все слушают и говорят:
«Все вместе отправляемся к реке, к морю,
будем наблюдать, когда начнёт приближаться рыба»,
и все начнём танцевать.
35 Толкуша тоже,

«Как проводить Ололо»
(продолжение)

KLC367 ‖ 40 › 22:38 ‖ 45 › 23:41 ‖ 50 › 24:02

г'опта тынны пичгу.
И ынкытын вайг'ын, когда тылалаӈ г'опта ныкиви нерпав'и ӈанык.
Ив'ыт панэнатвылаткын накног'ав' варат итылӄы.
Г'опта мылавылӄы и нымэйӈыг'ын и нымӄылын и орачикин,
40 и ыллаг'ув'и и чаки и и клиту г'опта эл эчг'аӈ мурув'и.
Натаньӈичоччымав' ӄонпыӈ эвылӄивыткын: «Ололо!».
И ӈанэнак нэкив'гым нерпав'и эвылӄы:
«Ток омакаӈ тэлоӈ мынлала!».
Ӈывоткын татыл итык,
45 мургинэв' эньпичив', ыллаг'у, ыччая Евдокия Михайловна
ивылӄивлаткын:
«Мытыӈвола татылык, нужно ныкын тэйкык лыг'утын игыньӈын».
Потом обязательно ныкык милютыны ёккы
и ынно ынкын никак шап никак жа и крыльцак нитэ наниткын
наёткын.
В'ай ынкытын.
50 Потом мытыпӈылоткы, таӄу ынкытыӈ нэтэйкыткын.
Эгыт татыл нытвалаткын амалваӈ итылг'у г'эуемтэв'илг'у.
Тыттэль нымичг'ан нымэчг'аӈ нымисг'аӈ тылалаткы ӄучаӄу
алваӈ тылэлаткы.

154

«How to hold the Ololo feast»

(continued)

and also all kinds of (other) food.
And the seals and bearded seals draw closer.
Everyone begins to talk about (their) prosperity.
They start to dance, the older as well as the younger ones, and young men,
40 and (their) mothers, sisters, brothers, all of us.
And they shout all together: "Ololo!"
And all the seals "say",
"Come on, let's go there all together!"
When the feast starts,
45 our parents, mothers, and aunt Evdokiya Mikhailovna say,
"We began to celebrate, (now) we have to make this sacred grass."
Then they have to mix it with hare fur
and hide it at the entrance to the house on the porch.
This way.
50 We asked for what they do like this.
Various people come to the feast.
There are those who enjoy themselves well, others come out of curiosity.

вся пища тоже.
И сюда приблизятся нерпы, лахтаки.
Все начнут рассказывать о достатке.
Начнут танцевать и стар, и млад, и юноши,
40 и матери, и сёстры, братья, все мы.
И вместе все кричат: «Ололо!».
И все нерпы «говорят»:
«Давайте все вместе пойдём туда!».
Когда начинается праздник,
45 наши родители, матери, тётя Евдокия Михайловна говорят:
«Начали праздновать, надо сделать "священную траву" такую».
Потом обязательно смешать с заячьим мехом
и спрятать у входа в дом на крыльце.
Вот таким образом.
50 Мы спросили, для чего это делают.
На праздник приходит разный люд.
Есть которые хорошо веселятся, другие же приходят из
     любопытства поглазеть.

«Как проводить Ололо»
(продолжение)

KLC367 ‖ 55 › 24:39 ‖ 60 › 25:18 ‖ 65 › 25:41

Тим татылык нужно ӄонпыӈ кырвисгʼатык.
А еплю элаткын игыньӈинивʼ гʼуемтэвʼилгʼу гʼам эллы экырвиткэ,
55 алваӈ ӈыволаткын мыӈилук или лылепык и
Ынкытын вут милю эта лаутэн с милютавʼ ныкэткынэвʼ,
гʼуемтэвʼилгʼу ӈыкэткынэвʼ чтоб мэчгʼаӈ нататылын
и тормэтэвʼ тоже ынӈин тоже нэпрыткын,
как же нерпавʼ и наёткын тэлоӈ камакраӈ а ынӈин тоже,
60 нэпрыткын тэлон камакраӈ.
Баранавʼ медведин кивʼыл ынтэлӈин нылэткин камакраӈ
омакаӈ уттык тэлоӈ.
И микы гʼат тылэтӄын тилӄытил ынӈин
ытгын тилӄытил нынутык ӈанык.
65 А вот нерпакин кивʼыл мэлгык наёткын,
нурэла быстрее дойдёт.

«How to hold the Ololo feast»

(continued)

During the feast you have to be merry.
But some people who come are not merry,
55 but they only watch out of curiosity.
Therefore the people prepare the sacred grass with hare fur,
and they do it so that the feast will go well.
And in the morning they gather it up,
the same way they bring away the figures of the animals to (the sacred mountain) Kamakran,
60 they bring (them) to the sacred mountain.
They also bring snow sheep and bear blood to the sacred mountain
together with the sticks.
Some bring *tolkusha* there
and eat it there.
65 They throw seal blood into the fire
so that they will depart faster.

На празднике надо веселиться.
А некоторые люди приходят не веселиться,
55 а поглазеть из любопытства.
Поэтому люди готовят траву с заячьим мехом,
а люди делают так, чтобы праздник хорошо проходил.
А утром её убирают,
также как и фигурки животных относят на священную сопку,
60 уносят на священную сопку.
Баранью и медвежью кровь уносят тоже на сопку
вместе с палочками.
Некоторые несут туда толкушу
и там её съедают.
65 Нерпичью кровь кидают в огонь,
чтобы раньше ушёл.

Preparing for and holding
the Ololo feast in Lesnaya
(2001)

Подготовка и проведение праздника Ололо в с. Лесная

Видеофильм – из «Празднуем с нерпами»
ДВД, Центральная областная библиотека, Берлин, 2005

KLC368 || 1 › 00:01 || 2 › 3:33 || 3 › 8:48 || 4 › 9:21 || 5 › 10:38 || 6 › 11:33

1 Собирание ингредиентов для ритуального блюда (толкуша).
2 Приготовление ритуального блюда.
3 Ритуальное дерево.
4 Фигурки *илуил*, изображающие нерп и снежных баранов.
5 Родовые мелодии и танцы.
6 «Провожание» ндерп и снежных баранов.

Videofilm – from «Feasting with the seals»

DVD, Landes- und Zentralbibliothek Berlin, 2005

1 Collecting ingredients for the ritual dish *tolkusha*
2 Preparing the ritual dish.
3 The sacred tree.
4 *Iluil* figures – representing seals and snow sheep.
5 Family songs and dances.
6 Sending off seals and snow sheep.

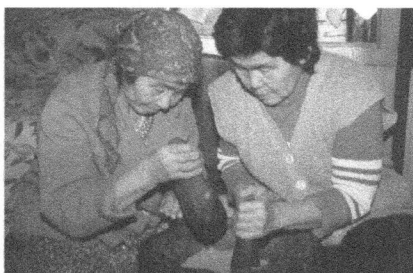

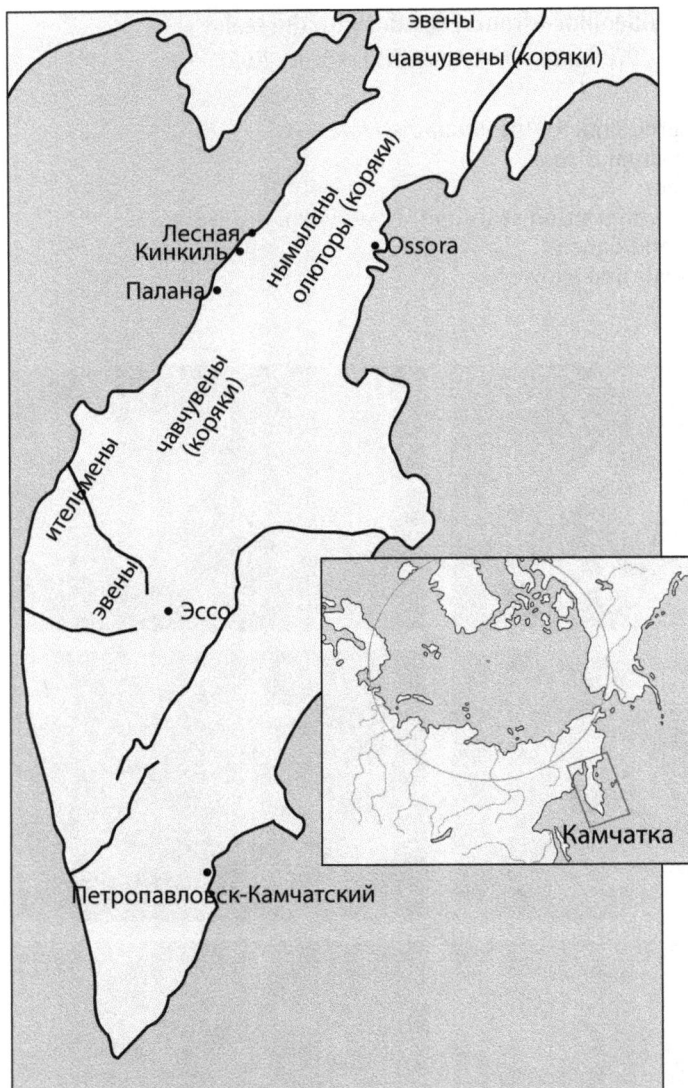

эвены
чавчувены (коряки)

нымыланы (коряки)
олюторы (коряки)

Лесная
Кинкиль
Ossora
Палана

чавчувены
(коряки)

ительмены

эвены

Эссо

Петропавловск-Камчатский

Камчатка

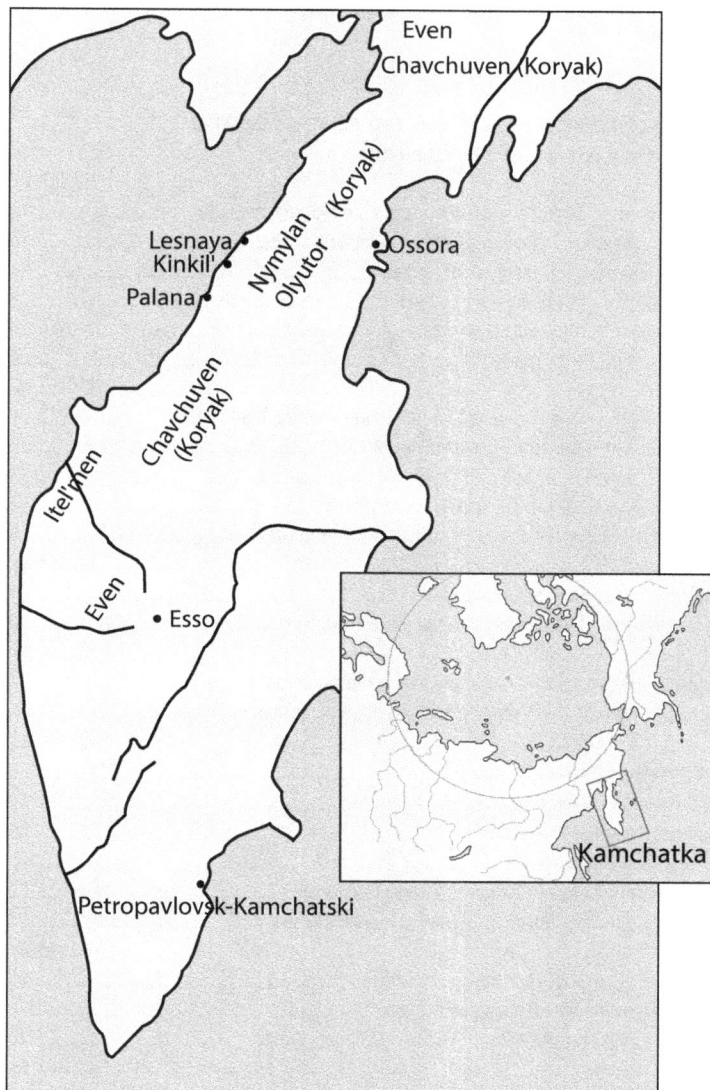

Содержание

Contents

Эрих Кастен (составитель)

Родовые мелодии и танцы коряков-нымыланов, с. Лесная

Songs and Dances, Coastal Koryaks, Lesnaya

2016, Fürstenberg/Havel: Kulturstiftung Sibirien
160 pp., Euro 18, paperback
ISBN: 978-3-942883-29-0

Languages and Cultures of the Russian Far East
http://www.siberian-studies.org/publications/
songdancenymtig_R.html

Татьяна Булгакова

Камлания нанайских шаманов

2016, Fürstenberg/Havel: Kulturstiftung Sibirien
316 pp., Euro 28, paperback
ISBN: 978-3-942883-25-2

Languages and Cultures of the Russian Far East
http://www.siberian-studies.org/publications/lc_R.html

Кастен Э. (отв. редактор), Бельды Р.А.,
Булгакова Т.Д. (запись, транскрибирование,
перевод, составление и комментарий), Заксор
Л.Ж., Киле Л.Т. (редакторы нанайского текста):

Нанайские сказки
Nanai tales, in Nanai and Russian language

2012, Fürstenberg/Havel: Kulturstiftung Sibirien
268 pp., 24 colour photos
Euro 26, paperback
ISBN: 978-3-942883-06-1

Languages and Cultures of the Russian Far East
http://www.siberian-studies.org/publications/lc_R.html

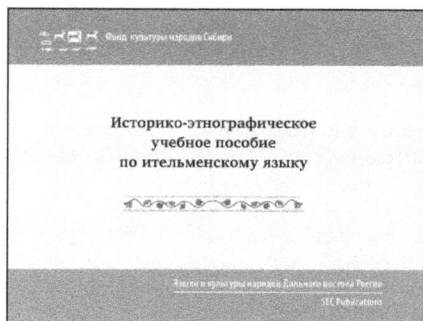

Халоймова К.Н., Дюрр, М., Кастен, Э., Лонгинов, С. (авторы)
Клуб «Камчадалы» с. Мильково (сбор материала мильковских камчадалов)

Историко-этнографическое учебное пособие по ительменскому языку [Historic-ethnographic teaching materials for the Itelmen language]

2012, Fürstenberg: Kulturstiftung Sibirien
164 pp., Euro 18, paperback
ISBN: 978-3-942883-10-8

Languages & Cultures of the Russian Far East – www.siberian-studies.org/publications/lc_R.html

Эрих Кастен, Михаэль Дюрр (составители)

Ительменские тексты
Itelmen texts

Ительменские тексты с переводами на русский и английский языки. Книга содержит документацию прежде всего воспоминаний о жизни в прошлом в ительменских селах на западном побережье Камчатки, также сказок и песен.

2015, Fürstenberg/Havel: Kulturstiftung Sibirien
114 pp., Euro 18, paperback,
ISBN: 978-3-942883-22-1

Languages and Cultures of the Russian Far East
www.siberian-studies.org/publications/lc_R.html

Халоймова, К.Н., Дюрр, М., Кастен Э. (ред.)

Ительменские сказки – собранные В.И. Иохельсоном в 1910-1911 гг.
[Itelmen tales, collected by V.I. Jochelson, 1910-1911, in Itelmen and Russian]

2014, Fürstenberg/Havel: Kulturstiftung Sibirien
207 pp., 5 colour photos
Euro 18, paperback
ISBN: 978-3-942883-19-1

Languages and Cultures of the Russian Far East
http://www.siberian-studies.org/publications/lc_R.html

Александра Лаврилье, Дэян Матич (составители)
в сотрудничестве с Христиной Михайловной
Захаровой

Дарья Михайловна Осенина эвэн нимкарни
Эвенские нимканы Дарьи Михайловны Осениной
[Even tales, in Even and Russian]

2013, Fürstenberg/Havel: Kulturstiftung Sibirien
160 pp., 13 photos
Euro 18, paperback
ISBN: 978-3-942883-15-3

Languages and Cultures of the Russian Far East
http://www.siberian-studies.org/publications/lc_E.html

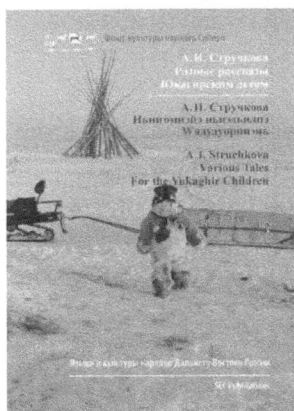

Сесилия Оде (составитель)

Акулина Иннокентьевна Стручкова
Разные рассказы
Юкагирским детям

Akulina Innokent'evna Struchkova
Various Tales
For theYukaghir Children

2016, Fürstenberg/Havel: Kulturstiftung Sibirien
92 pp., Euro 18, paperback
ISBN: 978-3-942883-27-6

Languages and Cultures of the Russian Far East
http://www.siberian-studies.org/publications/lc_R.html

Эрих Кастен, Раиса Авак (составители)

**Духовная культура эвенов Быстринского
района**
EvenTales, Songs and Worldviews., Kamchatka,
Bystrinski district

2014, Fürstenberg/Havel: Kulturstiftung Sibirien
200 pp., Euro 18, paperback
ISBN: 978-3-942883-20-7

Languages and Cultures of the Russian Far East
http://www.siberian-studies.org/publications/lc_R.html

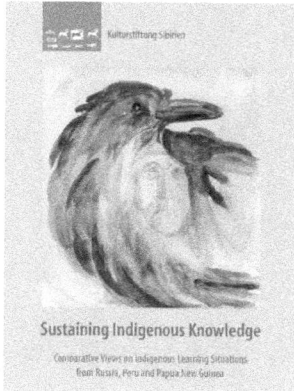

Erich Kasten and Michael Dürr (eds.)

Sustaining Indigenous Knowledge
Comparative Views on Indigenous Learning Situations from Russia, Peru and Papua New Guinea

Video DVD, 77 min.
English / Russian / Spanish subtitles

2015, Fürstenberg/Havel: Kulturstiftung Sibirien
Euro 18
ISBN 978-3-942883-21-4

Multimedia ethnographies on DVD
http://www.siberian-studies.org/publications/films_R.html

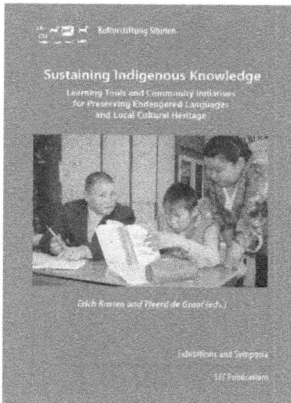

Kasten, Erich and Tjeerd de Graaf (eds.)

Sustaining Indigenous Knowledge:
Learning Tools and Community Initiatives for Preserving Endangered Languages and Local Cultural Heritage.

2013, Fürstenberg/Havel: Kulturstiftung Sibirien
284 pp., 22 colour photos (for the North American edition: black & white)
Euro 26, paperback
ISBN: 978-3-942883-12-2

Exhibitions & Symposia
http://www.siberian-studies.org/publications/exsym_R.html

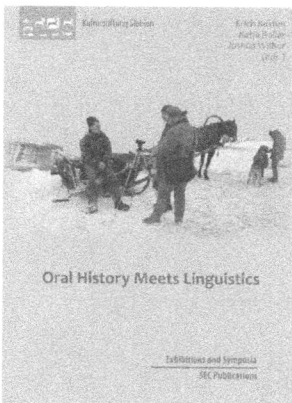

Kasten, Erich, Katja Roller, and Joshua Wilbur (eds.)

Oral History Meets Linguistics

2017, Fürstenberg/Havel: Kulturstiftung Sibirien
211 pp., 12 colour photos (for the North American edition: black & white)
Euro 26, paperback
ISBN: 978-3-942883-30-6

Exhibitions & Symposia
http://www.siberian-studies.org/publications/orhili_R.html

---

www.ingramcontent.com/pod-product-compliance
Lightning Source LLC
Chambersburg PA
CBHW020706270326
41928CB00005B/287